Marianne Strauß

Ein Buch der Erinnerung

Marianne Strauß

Ein Buch der Erinnerung

Herausgegeben
von
Wilfried Scharnagl

Verlag R. S. Schulz

Herausgeber und Verlag
statten ihren aufrichtigen Dank den Redaktionen und Autoren ab,
die spontan und bereitwillig ihr Einverständnis
zum Abdruck ihrer Beiträge in diesem Buch gegeben haben.

Inh. Dr. jur. h. c. Rolf S. Schulz
8136 Percha am Starnberger See, Berger Straße 8 bis 10
8136 Kempfenhausen am Starnberger See, Seehang 4
Telefon (0 81 51) 1 49-0 · Telex 05 26 427

Vorderseite des Einbandes: Foto Keiner
Rückseite des Einbandes: Foto Stefan Moses
Gestaltung des Einbandes: Susanne Schöll
Grundschrift: Garamond-Linotype-Antiqua.
Gesamtherstellung: Fa. Kösel, Kempten
ISBN 3-7962-0009-5

Sie erreichen uns auch über

Bildschirmtext
★ 30717 ✱

Bilder folgender Fotografen wurden in diesem Bildband abgedruckt:

Atelier Meinen (3)
Bayernkurier (2)
Birgit Böhler (1)
Caritas (5)
Harro Dau (3)
dpa (39)
Hans Enzwieser (2)
Foto Firsching (8)
Hubs Flöter (2)
K. Fries (1)
Heinz Gebhardt (1)
Erich Guttenberger (1)
Hans Heer (1)
Hanns Hubmann (3)
W. Jaser (1)
Foto Keiner (6)
Keystone Pressedienst (5)
Bernd Kortner (1)
J. E. Kovács (14)
Heinz-Joachim Mache (1)
Ulrich Mack (1)
Arturo Mari (1)
Stefan Moses (2)
Nürnberger Nachrichten (1)
Ingrid Pitter Kilfitt (1)
Presse- und Informationsamt (1)
Winfried Rabanus (8)
Schubert (1)
Johannes Sieber (1)
Sven Simon (8)
Slomifoto (3)
Werek Pressebildagentur (10)

Bei einigen Bildern konnten aufgrund fehlender Copyright-Vermerke die Fotografen nicht ermittelt werden.

Inhalt

Ein persönliches Vorwort

Am 22. Juni 1984 starb unsere Mutter – die Erinnerung an sie aber lebt nicht nur in unserer Familie, bei uns Kindern und bei unserem Vater, unauslöschlich weiter.

Marianne Strauß war nicht nur der Mittelpunkt unserer Familie. Sie war nicht nur die Frau des Bayerischen Ministerpräsidenten und des Vorsitzenden der Christlich-Sozialen Union. Sie war eine Persönlichkeit, die aus tiefer Gläubigkeit und aus ernst genommener christlicher Verantwortung heraus ihr Leben gestaltet und dadurch Beispiel gegeben und Maßstäbe gesetzt hat. Dadurch ist sie im besten Sinne des Wortes zur Landesmutter geworden. Der Dienst am Menschen und der Einsatz für das Gemeinwohl, die Hilfe vor allem für jene Mitbürger, die der besonderen Hilfe bedürfen, weil sie im Schatten leben, haben das Verhalten unserer Mutter geprägt, haben den Inhalt ihres Lebens und ihre persönliche Größe ausgemacht.

Geholfen hat uns Kindern und unserem Vater in unserem Leid und Schmerz das hohe und große Maß menschlicher Anteilnahme, das wir erfahren durften und immer noch erfahren dürfen. Die Zuneigung zu unserer Mutter, die Wertschätzung für ihre menschliche Art, die Hochachtung vor ihrer sozialen Lebensleistung, die Dankbarkeit für tausendfach geleistete Hilfe – all das gibt uns, der Familie von Marianne Strauß, Trost und Kraft. Es gibt uns aber auch Mut – Mut zu dem Versuch, mit der Marianne Strauß Stiftung im Rahmen des Möglichen das Lebenswerk unserer Mutter fortzusetzen.

Wir, die Kinder und unser Vater, freuen uns, daß mit diesem Buch dem Andenken unserer Mutter ein bleibendes Denkmal gesetzt wird, daß sichtbar gemacht wird, was sie uns und ihren Mitmenschen war und bedeutet hat, daß in Wort und Bild zusammengetragen und festgehalten wird, was dieses Leben ausgemacht hat.

Dem Herausgeber dieses Buches der Erinnerung, Wilfried Scharnagl, gilt unser von Herzen kommender Dank.

Monika Hohlmeier

München, im November 1984

Max Strauß Franz Georg Strauß

Am 21. April 1930 wurde Marianne Strauß geboren. Sie war vier Jahre alt, als 1934 dieses Aquarell entstand.

Trauer, Dank, Erinnerung

Am 22. Juni 1984 starb Marianne Strauß. Im Bayernkurier würdigte Wilfried Scharnagl Leben und Leistung der Frau des Bayerischen Ministerpräsidenten und CSU-Vorsitzenden.

Die tiefe Betroffenheit, die der Tod von Marianne Strauß ausgelöst hat, kennt keine Grenzen. Die Erschütterung über das Geschehen des 22. Juni 1984 ist nicht auf Bayern beschränkt, auch nicht auf die Bundesrepublik Deutschland. Die Anteilnahme am Tod der Frau des Bayerischen Ministerpräsidenten und CSU-Vorsitzenden Franz Josef Strauß ist weltweit und allgemein. Politische Trennungslinien verschwinden angesichts dieses Schicksalsschlages, sonst übliche Barrieren ebnen sich ein. Die Menschen treffen sich in der Hochachtung, Wertschätzung und Zuneigung für Marianne Strauß, deren Bedeutung als Mittelpunkt ihrer Familie, deren menschlicher Rang und deren unermüdlicher und beispielgebender sozialer Einsatz ihr im Herzen ihrer Mitbürger ein unzerstörbares Denkmal setzen werden. Die Menschen treffen sich auch in ihrer Anteilnahme und Mittrauer für Franz Josef Strauß und für die Kinder Monika, Max und Franz Georg sowie für die ganze Familie.

Was einer ist, was einer war, beim Scheiden wird es offenbar – der Bestätigung dieser alten Wahrheit hätte es bei Marianne Strauß wahrlich nicht bedurft. Was sie ihrem Mann, ihren Kindern, ihren Angehörigen, was sie dem Freistaat Bayern und seinen Bürgern, was sie der deutschen Politik, was sie vor allem jenen Mitmenschen, die der besonderen Sorge und Fürsorge bedürfen, was sie auch der Christlich-Sozialen Union bedeutet hat – viele Tausende, weit über den engsten Kreis der Familie und über den engeren Kreis der Freunde hinaus, wissen dies seit vielen Jahren. Der jähe Tod von Marianne Strauß hat den erfüllten und ausgefüllten Inhalt dieses Lebens noch einmal in erschütternder Weise in das Bewußtsein der Menschen gerückt.

Die Christlich-Soziale Union sieht die Grundlage ihrer politischen Arbeit in einem Menschenbild, das von christlichen Wertvorstellungen geprägt ist – so heißt es im Grundsatzprogramm der CSU. Von diesen christlichen Wertvorstellungen war das Leben der gläubigen Katholikin Marianne Strauß in besonderer Weise geprägt. Aus dieser grundsätzlichen Orientierung hat sie immer wieder Kraft gefunden, die sie dann in konkretes helfendes Handeln, in ein Christentum nicht der Worte, sondern der Tat umsetzte. Aus dieser gläubigen Verankerung, aus der heraus Marianne Strauß ihr Leben für Familie und Mitmenschen lebte, muß jetzt auch, wo für die unmittelbar Betroffenen Worte der Anteilnahme nur bedingt helfen können, Trost und Kraft wachsen. Dieser Trost und diese Kraft, die Franz Josef Strauß, die die Kinder, die alle Angehörigen in diesen schweren Tagen brauchen, mag die Familie auch aus der in ihrer Tiefe und in ihrem Ausmaß überwältigenden Zuwendung schöpfen, die in einer Welle der Anteilnahme durch die Bevölkerung geht. Was Marianne Strauß bedeutet hat und was Franz Josef Strauß bedeutet, in Bayern, in Deutschland und darüber hinaus, es ist auf Schritt und Tritt zu spüren, zu erleben, mit Händen zu greifen – wohin man kommt und mit wem man spricht, niemand kann sich daran erinnern, daß in unserer Zeit der Tod eines prominenten Mitmenschen je ein solches Beben ausgelöst hätte.

Die Christlich-Soziale Union trauert in besonderer Weise um die Frau ihres Parteivorsitzenden. Strauß hat es immer wieder gesagt, daß das, was er in den Jahrzehnten seines politischen Lebens im Dienst für das Ganze zu leisten vermochte, nur möglich war, weil er diese seine außergewöhnliche Frau an seiner Seite hatte. Was Franz Josef Strauß an Höhen erreicht und an Tiefen durchstanden hat, hatte seinen Kraftquell und seinen ruhenden Pol gleichermaßen in Marianne Strauß.

Am 4. Juni 1957 hatte die 27jährige Diplomvolkswirtin Marianne Zwicknagl den damaligen Bundesverteidigungsminister Franz Josef Strauß in Rott am Inn geheiratet – an jenem Platz, an dem sie jetzt an der Seite ihres Vaters ihre letzte Ruhestätte finden wird. Schon der Tag der Hochzeit hatte gezeigt, daß es kein leichtes Leben an der Seite eines großen Politikers sein würde, der wie kaum ein anderer deutsche Nachkriegsgeschichte mitgestaltete, der wie kaum ein anderer im Mittelpunkt vieler Auseinandersetzungen stand, der wie kaum ein anderer vielfach Zielpunkt von Angriffen war, die mit üblicher politischer Auseinandersetzung nichts, mit infamen Rufmordkampagnen aber alles zu tun hatten. Am Vorabend der Hochzeit waren in der Nähe von Kempten bei der Durchquerung der Iller 15 Rekruten ertrunken. Auf dem Weg nach Rott hatte Strauß aus dem Autoradio von dem Unglück erfahren, war dann nur kurz bei den Gästen geblieben, war weitergeeilt an den Ort des tragischen Geschehens, um nach durchwachter Nacht am Morgen gerade noch rechtzeitig zur Hochzeit zurück zu sein.

Die Haltung, die damals Marianne Strauß gezeigt hat, hat sie 27 Jahre lang als Ehefrau und Mutter ausgezeichnet. Wann immer Strauß seine Frau und die Kinder ihre Mutter brauchten, Marianne Strauß war zur Stelle. Sie war der Dreh- und Angelpunkt eines Familienlebens, wie es im harten Geschäft der Politik keineswegs die Regel ist.

Marianne Strauß war nicht nur, auch wenn sie dies in vorbildlicher Weise war, die Frau an der Seite von Franz Josef Strauß. Sie war in ihrer markanten und unverwechselbaren Weise eine Persönlichkeit eigener Art. Ausgestattet mit einem klaren Blick für politische Zusammenhänge, mit einem Gespür für kommende Entwicklungen, mit dem Wissen um die Nöte und Sorgen der Menschen, hat Marianne Strauß gelebt und gehandelt. Ihr Rat und ihr Wort hatten ihr eigenes Gewicht – und immer wieder lief ihr Einsatz nicht auf unverbindliches Reden, sondern auf praktisches Tun hinaus. Wo immer in der CSU im wahrsten Sinn des Wortes Not am Mann war, Marianne Strauß war zur Stelle. In vielen Hunderten von Fällen hat sie geholfen, wobei stets bemerkenswert war, daß diese Hilfe ohne Ansehen der Person geleistet wurde. Ob es sich um ein einfaches Mitglied, ob es sich um einen Mitarbeiter, ob es sich um hochrangige Politiker der CSU handelte – wenn Marianne Strauß gerufen und gebraucht wurde, war sie da.

Dieses Dasein für den Mitmenschen gewann eine neue Dimension, als Franz Josef Strauß 1978 Bayerischer Ministerpräsident wurde. Die breit gefächerte soziale Arbeit, die Marianne Strauß, oftmals bis an den Rand ihrer Leistungsfähigkeit, entfaltete, sprengte den Rahmen, wie er vielfach auch von anderen Politikerfrauen in verdienstvoller Weise ausgefüllt wird. Es hätte dem Talent und dem Temperament der Frau des Ministerpräsidenten widersprochen, hätte sie sich mit vorgegebenen Situationen abgefunden. Marianne Strauß deckte bestehende Schwächen in der Sozialgesetzgebung ab, gab Anstöße, entfaltete unermüdlich immer neue Initiativen. „Auch soziale Gesetze sind oft zu eng gefaßt, kleben an Paragraphen – und so werde ich immer mehr zur Fürsprecherin einer größeren organisatorischen Flexibilität. Mehr Spielraum ist wichtig – für die Betroffenen wie für die Helfenden" – dies war ihr Standpunkt. Sie schuf diesen Spielraum, und sie nützte diesen Spielraum. Ob motorische Mitarbeit in der Landesstiftung „Mutter und Kind", ob Pfennigparade oder Caritas, ob Hilfe für Spastiker oder Multiple-Sklerose-Kranke – wo immer Marianne Strauß half, und die Beispiele stehen nur stellvertretend, tat sie es mit ganzer Kraft und mit ganzem Herzen. Immer sah sie dabei den einzelnen Menschen. Mit einer Hartnäckigkeit, die eingefahrenen Apparaten durchaus unbequem werden konnte, sorgte sie für Hilfe im Einzelfall, ob es Stunden oder Tage dauerte und ohne Rücksicht auf die eigenen Kräfte.

Marianne Strauß wußte aus der eigenen glücklichen Erfahrung mit ihrem Mann und mit ihren Kindern, welcher Rang und welche Rolle einer intakten Familie zukommen. Sie ließ es nicht bei dieser Einsicht bewenden, entwickelte Konzepte zur Förderung der Familie, gab familienpolitische Impulse, die sich nicht zuletzt bei Franz Josef Strauß selbst niederschlugen. Wenn der Bayerische Ministerpräsident und CSU-Vorsitzende seit Jahren die Lage der jungen Familien als die soziale Frage unserer Zeit erkannt und unermüdlich für Verbesserungen gekämpft hat, so stand dahinter auch das Übermaß an täglicher und tätiger Erfahrung, das Marianne Strauß aus ihrer Arbeit heraus in das Familiengespräch im Hause Strauß einzubringen wußte.

Marianne Strauß war mit ihrer Art und mit ihrer Arbeit ein wichtiger Bestandteil der Christlich-Sozialen Union. So könnte denn auch die CSU ihren bleibenden Dank an diese große Frau nicht glaubwürdiger abstatten als dadurch, daß sie einen mit dem Namen Marianne Strauß verbundenen Preis stiften wird, der alljährlich für beispielhafte Leistungen im sozialen Bereich vergeben werden soll. Aus gutem Grund glaubt die CSU, damit am besten dem Vermächtnis eines Lebens entsprechen zu können, das von der Liebe zur Familie, von der Sorge für die Mitmenschen und vom Einsatz für das Wohl unserer Heimat geprägt war.

Marianne Strauß ist tot. Franz Josef Strauß erfährt mit seiner Familie auch in dieser für ihn schweren Zeit, daß die CSU keine Partei ist wie jede andere. Die menschliche Verbundenheit auf festem christlichen Fundament führt die CSU mit ihrem Vorsitzenden in dieser Zeit des Schmerzes und der Trauer besonders eng zusammen. Zu ertragen ist das zunächst Unfaßbare nur aus der Gewißheit, die der Glaube zu geben vermag. In die Trauer aber mischt sich Dankbarkeit. Dankbarkeit dafür, wie Marianne Strauß ihr Leben für ihre Familie und ihre Mitmenschen gelebt hat. Im Gedächtnis der Menschen wird sie weit über den Kreis jener hinaus, für die sie unmittelbar da war, weiterleben.

Am 28. Juni 1984 findet in der heimatlichen Klosterkirche von Rott am Inn das Requiem für Marianne Strauß statt. Die weiß-blaue Rautenfahne deckt den Sarg der Landesmutter.

Abordnungen der bayerischen Gebirgsschützen säumen den Weg, den der Trauerzug nach dem Gottesdienst, den Prälat Anton Maier zelebriert hat, von der Kirche zur Familiengruft nimmt.

Abschied – Franz Josef Strauß mit den Kindern Max, Franz Georg, Monika und Schwiegersohn Michael Hohlmeier.

Lebenszeugnis christlicher Caritas

Am 30. Juni 1984 – zwei Tage zuvor hat Marianne Strauß in der Familiengruft in Rott am Inn an der Seite ihres Vaters ihre letzte irdische Ruhestätte gefunden – findet im Münchner Liebfrauendom ein feierliches Requiem statt. Der Erzbischof von München und Freising, Dr. Friedrich Wetter, zelebriert den Gottesdienst und hält die Predigt.

Brüder und Schwestern im Herrn!

Die Trauer um Frau Marianne Strauß hat uns heute hier in der Liebfrauenkirche zusammengeführt.

Wir nehmen Anteil an dem Leid, das den Herrn Ministerpräsidenten unseres Landes und seine Familie getroffen hat.

Es ist ein Trost für die trauernde Familie, daß so viele Menschen, an ihrer Spitze der scheidende Bundespräsident und sein Nachfolger, zu diesem Gottesdienst gekommen sind, um gemeinsam mit ihr für die heimgegangene Gattin und Mutter zu beten.

Wir trauern aber nicht wie jene, die keine Hoffnung haben. Unsere Hoffnung ist der Herr, der für uns am Kreuz gestorben ist und, von den Toten auferweckt, für immer beim Vater lebt. In ihm ist uns ewiges Leben verheißen.

Die christliche Hoffnung nimmt nicht die Trauer von uns hinweg, aber sie lenkt den Blick über die Trauer hinaus auf die kommende Freude des Wiedersehens. Diese Hoffnung beseitigt nicht den Tod, aber sie läßt uns über den Tod hinausschauen auf das Leben, das keinen Tod mehr kennt.

Nach all den Heimsuchungen, die über Hiob hereingebrochen waren, sagte der schwergeprüfte Dulder: „Ich lege meine Hand auf meinen Mund." Er konnte nichts mehr sagen. Ergeht es uns nicht ebenso vor dem Geheimnis des Todes, in das Frau Marianne Strauß vor acht Tagen eingegangen ist? Was können wir dazu sagen? Wer kann das verstehen? Diese Frau, noch vor wenigen Tagen voller Leben in unserer Mitte – und nun ist sie tot. Ist es nicht das Beste, mit Hiob die Hand auf den Mund zu legen und zu schweigen?

Obwohl es schwerfällt zu sprechen, können und dürfen wir doch nicht schweigen. Wir haben zu danken, weil sie zu uns gehörte. Ein Mensch, der zu uns gehört, ist ein großes Geschenk. Sie gehörte zuerst ihrer Familie, ihrem Mann und ihren Kindern. Sie gehörte aber weit darüber hinaus vielen, vielen Menschen. Die Erschütterung, die ihr Tod hervorgerufen hat, und die große Teilnahme, hier im Liebfrauendom und draußen in Stadt und Land, zeigen, wie viele Menschen sich ihr verbunden wußten.

Sie gehörte zu uns und sie gehört noch zu uns. Denn wer heimgeht zu Gott, geht uns nicht verloren. Sie bleibt uns verbunden über das Grab hinaus. Der Tod hat keine Macht, uns einen Menschen zu nehmen, der in Gott geborgen ist. Die Verbundenheit hat durch den Tod nur eine andere Gestalt erhalten.

Wenn wir offen sind für die Welt Gottes, geht uns auf, wie nahe uns liebe Menschen bleiben, die uns zu ihm vorausgegangen sind. Möge dem Gatten und den Kindern diese Erfahrung der bleibenden Nähe der Gattin und Mutter zuteil werden.

Wir haben zu danken für ein reich erfülltes Leben. Tod bedeutet Ernte eines Lebens. Frau Marianne Strauß darf eine reiche Ernte einbringen. 27 Jahre stand sie treu an der Seite ihres Mannes. Sie hielt das Versprechen, das sie ihm bei der Hochzeit gegeben hatte: „Wo du hingehst, will auch ich hingehen. Was dich trifft, soll auch mich treffen, und dein Los soll auch mein Los sein, in guten und in schweren Tagen." Sie hat die Belastungen, die mit den verantwortungsschweren Ämtern und Aufgaben ihres Mannes unausweichlich auch auf sie zukamen, tapfer getragen. Sie war ihrem Gatten „eine Hilfe, die ihm entspricht", wie es in der Bibel von Eva, der ersten Frau und Gattin heißt. Und sie war eine gute Mutter, bei der sich die Kinder geborgen wußten. 27 Jahre vorbildliche Ehe und glückliches Familienleben, getragen und geprägt von ihrer Mütterlichkeit, das allein ist schon eine reiche Ernte.

Ihr Wirken weitete sich über den Kreis ihrer Familie auf das ganze Land aus. Sie war, wie man in diesen Tagen immer wieder lesen und hören konnte, eine Landesmutter. Sie hat landesweit eine mütterliche Aufgabe erfüllt, indem sie dem Leben diente.

Ihre Sorge galt den Notleidenden und Hilflosen. Sie arbeitete in verschiedenen sozial-karitativen Einrichtungen, kirchlichen wie weltlichen. Sie sah darin keine Ehrenämter, sondern eine persönliche Verpflichtung, Menschen in ihren Nöten beizustehen. Ein besonderes Anliegen waren ihr die jungen Familien, denen man helfen muß, ein gesundes Familienleben zu führen und Kinder zu haben. Damit hat sie ein Zeugnis christlicher Caritas gegeben und vor allem der jungen Generation gezeigt, wie wir zu einem menschlich reich erfüllten Leben gelangen: nicht durch Nehmen, sondern durch Geben; nicht indem wir Ansprüche stellen, son-

Vater und Tochter – eine Geste und Haltung, die Worte überflüssig machen.

Während eines Staatsbesuches in Jugoslawien, den der Bayerische Ministerpräsident in seiner Eigenschaft als Präsident des Bundesrates durchführt, erhält Franz Josef Strauß, der bei diesem Auslandsaufenthalt von seinem Sohn Franz Georg begleitet wird, am 23. Juni 1984 die Nachricht vom Tode seiner Frau. Die Reise wird sofort abgebrochen. Auf dem Flughafen Neubiberg bei München holen die Kinder Max und Monika den Vater ab.

dern indem wir für die da sind, die uns brauchen.

Wie kam Marianne Strauß dazu, so zu leben? In einer Schule im Orient fragte einmal ein Lehrer die Schüler: Wie hell muß es sein, daß es Tag ist? Ein Schüler antwortete: So hell, daß man einen Ölbaum von einem Feigenbaum unterscheiden kann. Nein, sagte der Lehrer.

Ein zweiter Schüler antwortete: So hell, daß man ein Maultier von einem Esel unterscheiden kann. Nein, sagte der Lehrer und gab selbst die Antwort: Es muß so hell sein, daß du im Antlitz deines Nächsten den Bruder, die Schwester erkennst. Frau Strauß lebte in dieser Helle. Als gläubige Christin war sie offen für den, der von sich sagt: „Ich bin das Licht der Welt. Wer mir nachfolgt, wird nicht in der Finsternis umhergehen, sondern wird das Licht des Lebens haben." War die Freude, die oft auf ihrem Gesicht zu sehen war, nicht eine Ausstrahlung des Glaubenslichtes, das in ihr leuchtete und sie auch noch im Leid die Freude sehen ließ, im Menschen den Bruder und die Schwester, im Armen und Notleidenden den Herrn Jesus Christus?

Wir hörten im Evangelium das Wort des Herrn: „Amen, ich sage euch: Was ihr für einen meiner geringsten Brüder getan habt, das habt ihr mir getan. Kommt her, die ihr von meinem Vater gesegnet seid, nehmt das Reich in Besitz, das seit Erschaffung der Welt für euch bestimmt ist." Frau Strauß hat dem Herrn in seinen geringsten Brüdern viel Gutes getan. So dürfen wir zuversichtlich hoffen, daß sie das Reich, das für sie und für uns bestimmt ist, in Besitz nehmen und eingehen darf in die Freude des Herrn.

So groß die Trauer über diesen Tod ist, wird sie doch erhellt von Dankbarkeit, ja sogar von dankbarer Freude. „Die mit Tränen säen, werden mit Jubel ernten", heißt es im Psalm.

So danken wir dafür, daß Frau Marianne Strauß zu uns gehörte und noch gehört. Und wir danken für die Ernte eines reich erfüllten Lebens. Unseren Dank legen wir bei dieser Eucharistiefeier in die Hände Jesu Christi. Er trage ihn vor Gott, unseren Vater, den Geber alles Guten.

Wir feiern in diesem Gottesdienst den Tod und die Auferstehung Jesu Christi. Und wir feiern darin den Tod und die Auferstehung unserer Schwester. Denn Jesus Christus ist am Kreuz unseren Tod gestorben, auch den tragischen Tod von Frau Marianne Strauß. Am Ostermorgen aber ist er auferstanden als „der Erste der Entschlafenen". Mit seiner Auferstehung hat die Auferstehung der Toten, unsere Auferstehung bereits begonnen. „Denn wie in Adam alle sterben, so werden in Christus alle lebendig gemacht", hörten wir in der Lesung aus dem Mund des Apostels. Mit Ostern ist Gottes Entscheidung für das Leben unwiderruflich gefallen, für unser aller Leben. Wir werden in Christus auferstehen und mit ihm für immer beim Vater leben, wo es keinen Tod mehr gibt, keine Trauer, keine Klage, keine Mühsal, nur noch ungetrübte Lebensfreude, unzerstörbare Lebensfülle. Gott nimmt uns hinein in seine dreifaltige, göttliche Lebensgemeinschaft, für immer. Das ist unser Glaube. Darum leuchtet bei allem Schmerz und aller Trauer über dem Grab unserer Schwester in Rott und über dieser Feier im Liebfrauendom das österliche Licht der Auferstehung. Amen.

Ein bleibendes Vorbild

Nach dem Requiem im Liebfrauendom hatte die Christlich-Soziale Union zu einem Trauerempfang in das Antiquarium der Münchner Residenz eingeladen. CSU-Generalsekretär Gerold Tandler, der die Gäste begrüßte, sprach Worte des Gedenkens für Frau Marianne Strauß und wies auf ihr auch für politisches Handeln vorbildliches Leben hin.

Die Christlich-Soziale Union trauert mit ihrem Vorsitzenden, dem Herrn Bayerischen Ministerpräsidenten Franz Josef Strauß, seinen Kindern, seiner Schwiegermutter und seiner Schwester um Frau Marianne Strauß, um eine große Frau, die uns in ihrer tiefen Liebe zur bayerischen Heimat, dem deutschen Vaterland und ihrer warmen Fürsorglichkeit für ihre Familie immer Vorbild war, ist und bleiben wird.

Ihnen, die Sie aus allen Teilen des Freistaates Bayern, aus allen Ländern der Bundesrepublik Deutschland, aus vielen Staaten Europas, ja auch von anderen Kontinenten gekommen sind, danke ich für Ihre Teilnahme am Gottesdienst und für Ihre Verbundenheit mit dem Herrn Bayerischen Ministerpräsidenten, die Sie damit zum Ausdruck bringen.

Ihnen, Herr Erzbischof, der Sie das Requiem zelebrierten und der Toten in Ihrer Ansprache bereits gedachten, und allen, die diesen Gottesdienst in christlicher Trauer mitgefeiert haben, sage ich ein herzliches Vergelt's Gott.

Die CSU wird die politischen Ziele, denen sich die Verstorbene in so hohem Maße verpflichtet fühlte, stets als Grundlage ihres politischen Handelns erhalten und Frau Marianne Strauß so ein bleibendes Gedächtnis bewahren.

30. Juni 1984 – Franz Josef Strauß, geführt von seinen Kindern und begleitet von Bundespräsident Karl Carstens und Bundeskanzler Helmut Kohl, auf dem Weg zum feierlichen Requiem in der Münchner Frauenkirche.

Tausende von Trauernden füllen die Frauenkirche, den Dom der Erzdiözese München und Freising.

Marianne Strauß hat eine prägende Rolle gespielt

Der CSU-Vorstand würdigte in seiner Sitzung am 16. Juli 1984 Leben und Werk von Marianne Strauß. Der stellvertretende CSU-Vorsitzende Dr. Friedrich Zimmermann drückte aus, was die gesamte CSU ob dieses Todes an Trauer und Anteilnahme erfüllt.

Marianne Strauß hat in der bayerischen Politik ihre eigene, prägende Rolle gespielt. Sie hat weder die Bayerische Staatsregierung noch die CSU als Stütze gebraucht. Bayern hat ihr viel zu verdanken. Zehntausende von Bürgern haben Marianne Strauß auf ihrem letzten Weg begleitet, persönlich oder in Gedanken. Franz Josef Strauß hat in Rott am Inn mit Recht gesagt, sie sei die „Landesmutter" gewesen. Unsere Anteilnahme gilt ihrem Mann Franz Josef Strauß und der Familie.

Wir wissen, daß die gnädige Zeit die Wunden heilt. Das Leben besiegt den Tod. Der Herrgott hat es so eingerichtet. Wir fügen uns.

Dir, lieber Franz Josef Strauß und Deinen Kindern, Deiner Schwester, gilt unsere Anteilnahme. Du wirst den Schmerz überwinden, weil das Leben, die Politik, der Staat, Dich noch braucht. Die CSU, Deine Partei, wird Dir dabei helfen, weil sie Dich braucht. Wir bleiben zusammen.

Wertschätzung und Hochachtung

In seiner Sitzung am 20. Juli 1984 gedachte der Bayerische Landtag des Todes von Marianne Strauß. Landtagspräsident Dr. Franz Heubl sprach herzliche Worte des Gedenkens.

Tiefe Betroffenheit hat der jähe Tod der Gattin des Bayerischen Ministerpräsidenten auch in der bayerischen Volksvertretung ausgelöst. Die Anteilnahme an dem Geschehen des 22. Juni geht weit über die Parteigrenzen hinweg.

Der Bayerische Landtag teilt die allgemeine Wertschätzung und Hochachtung für Frau Marianne Strauß. Ihr beispielgebender sozialer Einsatz hat auch die Mitglieder des Bayerischen Landtags tief beeindruckt.

Im Namen des Bayerischen Landtags und persönlich habe ich dem Herrn Ministerpräsidenten und seiner Familie meine tiefe Anteilnahme ausgesprochen. Die bayerische Volksvertretung wird das Gedenken an Frau Marianne Strauß in Ehrfurcht bewahren.

Vor dem Hauptportal der Münchner Frauenkirche – Bürger, die im Innern der Kirche keinen Platz mehr gefunden haben, erleben das Requiem für Marianne Strauß im Freien mit.

Dr. Friedrich Wetter, Erzbischof von München und Freising, feiert den Gottesdienst. In seiner Predigt sagt er zum Tode von Marianne Strauß: „Gott nimmt uns hinein in seine dreifaltige, göttliche Lebensgemeinschaft, für immer. Das ist unser Glaube. Darum leuchtet bei allem Schmerz und bei aller Trauer über dem Grab unserer Schwester in Rott und über dieser Feier im Liebfrauendom das österliche Licht der Auferstehung."

Es trauert das bayerische Volk

Überall dort, in Verbänden und Institutionen, wo der soziale Einsatz von Marianne Strauß aus nächster Nähe erfahren werden konnte, waren die Trauer und die Betroffenheit über ihren Tod besonders groß. Stellvertretend auch für andere soziale Einrichtungen kam dies in dem Nachruf zum Ausdruck, den Prälat Franz Sales Müller, der 1. Vorsitzende des Katholischen Caritasverbandes der Erzdiözese München und Freising, Marianne Strauß widmete.

Der jähe Tod von Frau Marianne Strauß hat allenthalben tiefe Bestürzung und große Trauer ausgelöst. Wir sprechen dem Bayerischen Ministerpräsidenten und seinen drei Kindern aufrichtige Teilnahme aus. Wir wissen um das vorbildliche Familienleben im Hause Strauß, um den christlichen Geist, der dort herrschte und in dem die Kinder erzogen wurden. Wir wissen um den Halt und die Geborgenheit, den der Politiker Strauß 27 Jahre lang in allen politischen Stürmen an seiner Frau Marianne hatte.

Wir verstehen deshalb den unsagbaren Schmerz, der die Familie Strauß getroffen hat. Es trauert das bayerische Volk, das eine gute Landesmutter verloren hat, es trauern aber auch Kirche und Caritas um eine Persönlichkeit, die ihre religiöse Überzeugung in das gesellschaftspolitische Leben eingebracht hat. Für andere dazusein, Benachteiligten und Notleidenden zu helfen, das gehörte zum innersten Wesen von Frau Strauß. Sie war glücklich, daß sie sich als Landesmutter sozial und karitativ entfalten konnte.

Besonders nahe stand sie dem Caritasverband der Erzdiözese München und Freising. Sie kam bereitwillig vor sechs Jahren der Bitte des Caritasverbandes nach, in die Vorstandschaft des Vereins und in den Diözesancaritasrat einzutreten. Von Anfang an machte sie klar, daß sie diese ihre Mitgliedschaft nicht als bloßes Ehrenamt betrachtete, sondern sie wollte bei der Bewältigung der einzelnen Probleme tatkräftig mithelfen. Dabei kam ihr das Studium der Volkswirtschaft und ihre praktische Lebenserfahrung sehr zustatten. Bei kaum einer der monatlichen Sitzungen fehlte sie. Sie blieb in der Regel von Anfang bis Ende. Am Schluß steckte sie sich immer einen Zettel in die Tasche, auf dem die Punkte standen, um die sie sich persönlich kümmern wollte. Sie nahm am allgemeinen Caritasgeschehen regen Anteil und kam gerne zu den Veranstaltungen und Feierstunden der Caritas. Zuletzt nahm sie im Monat Mai dieses Jahres an der Einweihung des neuen Altenheimes in Maria Eich teil und bekundete dabei in einer kurzen Ansprache ihre herzliche Mitsorge für die alten Menschen. Nur für die letzte Caritas-Vorstandssitzung am Freitag, 22. Juni entschuldigte sie sich, sie habe wegen ihrer Gürtelrose ziemliche Schmerzen und wolle sich für ein paar Tage nach Kreuth zurückziehen. Wer hätte gedacht, daß dieser Freitag ihr Todestag werden sollte.

Die große Leidenschaft von Frau Strauß war ihre Familienpolitik. Dabei ging es ihr nicht nur um materielle Hilfen, sondern um die ethische Bedeutung und Aufwertung der Familie. Vor allem setzte sie sich ein für die Stärkung der familiären Erziehungskraft. Das Mutterschaftsgeld bildete dabei nur einen Teilaspekt. Ihre Sorge galt den alleinerziehenden Müttern und den Müttern in Konfliktsituationen. Sie litt unter der unbefriedigten Regelung des § 218 und unter der öffentlichen derzeitigen Unmöglichkeit, eine Novellierung des Gesetzes durchzusetzen. Da wollte sie wenigstens praktisch helfen und werdendes Leben retten. Diesem Zweck diente die „Bayerische Landesstiftung für Mutter und Kind", deren 1. Vorsitzende sie war.

Ihr karitatives Engagement galt in besonderer Weise den Behinderten. Die Multiple-Sklerose-Gesellschaft verliert in Marianne Strauß ihre Protektorin, die Pfennigparade ihre Gönnerin, die Sonnenzugteilnehmer der Caritas werden sie in Zukunft schmerzlich vermissen. In den letzten Jahren fand kein Sonnenzug statt, an dem sie nicht teilgenommen hätte. Im Februar dieses Jahres begleitete sie den Sonnenzug, der zur Mitfeier des Heiligen Jahres nach Rom ging.

Allen ist in Erinnerung, wie sie bei der nächtlichen Zugfahrt von München nach Rom bis weit über Mitternacht hinaus durch die Abteile ging und sich mit jedem einzelnen Behinderten unterhielt, ratend und tröstend. Für den knapp bemessenen Schlaf begnügte sie sich mit der Polsterbank im Abteil. Mit den Behinderten freute sie sich ganz besonders über die Sonderaudienz beim Heiligen Vater.

Eine Frau, die so sehr an gesellschaftspolitischen, sozialen und religiösen Fragen interessiert war, konnte der bevorstehende 88. Katholikentag in München nicht unberührt lassen. So war sie Mitglied der Katholikentagskommission und arbeitete aktiv mit beim Themenkreis „Wähle das Leben" und ebenso bei „Jugend, Familie und Bildung".

Wir trauern aufrichtig um Marianne Strauß, aber wir sind nicht wie diejenigen, die keine Hoffnung haben. Wer sein Leben lang Gott und den Mitmenschen gedient hat, wer so viel gute Werke aufzuweisen hat, der kommt nicht unvorbereitet vor das Angesicht Gottes.

Betroffenheit und Anteilnahme

Die Anteilnahme, die der Bayerische Ministerpräsident und CSU-Vorsitzende Franz Josef Strauß und seine Familie zum Tode von Frau Marianne Strauß erfuhren, war überwältigend. Die Zahl schriftlicher Bekundungen der Wertschätzung und der Zuneigung für Marianne Strauß und der Mittrauer mit der Familie, die bei den Hinterbliebenen, in der Bayerischen Staatskanzlei und in der CSU-Landesleitung eingingen, liegt jenseits der Zehntausendergrenze. Die folgende Auswahl ist ebenso zufällig wie bezeichnend und steht stellvertretend für alle Bekundungen menschlicher Anteilnahme, die Franz Josef Strauß und die Kinder Monika, Max und Franz Georg erfahren haben.

Sehr geehrter Herr Strauß, mit unendlich vielen anderen Menschen sind meine Frau und ich tief betroffen vom Heimgang Ihrer Gattin. Zu dem schweren, menschliches Verstehen übersteigenden Verlust sagen wir Ihnen unsere bewegte und herzliche Anteilnahme. Wir haben den Besuch von Ihnen beiden in Berlin noch in lebendiger Erinnerung. Uns hat das konzentrierte Interesse, das menschliche Engagement und die kluge Übersicht lebhaft beeindruckt, mit denen Ihre Gattin den Problemen der Menschen in der großen Stadt begegnet ist. Von menschlicher Seite kann Ihnen jetzt kein Trost kommen. Aber Sie sollen wissen, daß wir mit vielen anderen in bleibender Dankbarkeit an die herausragende Persönlichkeit Ihrer Gattin, an ihren Mut, ihre festen Überzeugungen und ihre Zuversicht gebende große Kraft denken werden. Ihr Ihnen herzlich verbundener

Richard von Weizsäcker
Bundespräsident

☆

Lieber Herr Strauß, der tragische Unfalltod Ihrer Gattin hat meine Frau und mich tief bestürzt. Wir fühlen mit Ihnen und Ihrer Familie und versichern Sie unseres aufrichtigen Mitgefühls. Ihr

Karl Carstens

☆

Dear Mr. Minister Präsident!
It is with great regret and grief that I learned of your wife's tragic death over the weekend. Please accept my personal condolences, along with those of all Americans, at this most difficult time.

Sincerely
Ronald Reagan
Präsident der Vereinigten Staaten von Amerika

☆

La dramatica scomparsa della compagna della sua vita mi addolora profondamente. Le sono vicino in questa dolorosa circostanza con animo fraterno. Suo

Sandro Pertini
Italienischer Staatspräsident

Zum unfaßbaren schweren Verlust, den Sie durch den tragischen Heimgang Ihrer sehr verehrten Frau erlitten haben, bitte ich Sie namens der Republik Österreich, meine, aber auch meiner Frau herzliche Anteilnahme entgegenzunehmen. In aufrichtigem Mitgefühl mit Ihnen und Ihrer Familie. Ihr

Rudolf Kirchschläger
Österreichischer Bundespräsident

☆

With deep sorrow I received the news of the passing of your wife. Please accept my heartfelt condolence and sincere sympathy in your mourning.

Hafez Al-assad
Präsident der Syrischen Arabischen Republik

☆

Sehr geehrter Herr Ministerpräsident! Zum tragischen Tod Ihrer Frau Marianne übermittle ich Ihnen sowie Ihren Angehörigen mein aufrichtiges Beileid. Ich kann den großen Verlust ermessen, der Sie betroffen hat.

Erich Honecker

☆

J'ai appris avec émotion le deuil qui vous frappe. Je vous prie de croire à mes sentiments affligés et d' agréer mes sincères condoléances.

François Mitterrand
Französischer Staatspräsident

Die trauernde Familie.

Having learned of the death of your wife I would like to present to Your Excellency my sincere condolences.

Antonio Ramalho Eanes
Staatspräsident von Portugal

☆

Die Nachricht von dem tragischen Unfall, dem Ihre verehrte Frau Gemahlin zum Opfer gefallen ist, hat mich tief bewegt. Ich bitte Sie, die Versicherung meines von Herzen kommenden Mitgefühls an diesem schweren Schicksalsschlag, der Sie so unerwartet getroffen hat, entgegenzunehmen. In aufrichtiger Anteilnahme Ihr

Fred Sinowatz
Österreichischer Bundeskanzler

☆

I was saddened to hear of the tragic bereavement you have suffered. Please accept my heartfelt condolences.

Margaret Thatcher
Englischer Premierminister

☆

Entardo tragico fallecimiento su esposa en accidente automovil deseo transmitirle en nombre propio y en le de mi gobierno mi mas sentido pesame por tan sensible perdida.

Felipe Gonzales Marquez
Spanischer Ministerpräsident

Sehr erschüttert nehmen wir tiefempfundenen Anteil an dem tragischen Unfall und sind in Gedanken bei Ihnen.

Gina und Franz Josef von Liechtenstein

☆

Stark betroffen von der Nachricht über das plötzliche Ableben Ihrer Gemahlin spreche ich Ihnen mein aufrichtiges Beileid und meine Anteilnahme in dieser schweren Stunde für Sie und für Ihre Familie aus.

Nicolae Ceausescu
Präsident der Sozialistischen Republik
Rumänien

☆

I was shocked to learn of the passing away of your wife Marianne. I wish you all courage and strength in these very sad days.

Lord Carrington
NATO-Generalsekretär

☆

Reciba mi sincera y sentida condolencia por fallecimiento su estimada senora esposa. Afectuosamente,

Luis Alberto Monge
Presidente de Costa Rica

☆

Sehr geehrter Herr Ministerpräsident, die Nachricht vom plötzlichen Hinscheiden Ihrer Frau Gemahlin hat mich schmerzlich betroffen. Ihnen und Ihrer Familie spreche ich mein tief empfundenes Beileid aus.

Yashuhiro Nakasone
Ministerpräsident von Japan

☆

Hochverehrter Herr Ministerpräsident, mit großem Bedauern erfahre ich, daß Ihre Gattin tödlich verunglückt ist. Von ganzem Herzen nehme ich Anteil an Ihrer Trauer. Empfangen Sie, hochverehrter Herr Ministerpräsident, den Ausdruck meiner tief empfundenen Sympathie. Ihr ergebener

Pierre Pflimlin
Präsident des Europäischen Parlaments

☆

Dear friend, it is with profound sorrow and shock that I learned of the untimely death of your wife. I wish to express not merely my sympathy and condolences, but my heartfelt sharing in your bereavement.

Shimon Peres
Jerusalem

☆

I was saddened to learn of the tragic death of your wife. Please accept together with your family the expression of my deepest sympathy.

Veselin Djuranovic
Jugoslawischer Staatspräsident

Der trauernde Staat.

Lieber Herr Ministerpräsident, ich habe die furchtbare Nachricht vom Ableben Ihrer Frau erfahren und möchte Sie meines aufrichtigen Mitgefühls versichern. Ihr

Bruno Kreisky

☆

Dear Mr. Minister President! I cannot convey how sad I was to hear of your wife's sudden death. Please accept my heartfelt condolences at this difficult time for you.

Sincerely
George Bush
US-Vize-Präsident

☆

Please accept my most heartfelt and sincere condolences on the occasion of the tragic death of your wife Marianne Strauß.

Vigdis Finnbogadottir
President of Iceland

☆

Still remember and cherish. I know how you feel at this hour. But believe me both I and my people of Malawi are with you in spirit as we pray for the Lord to help your broken heart and give you strength in this time of distress. May God be with you during this difficult period.

Kamuzu Banda
President of the Republic of Malawi

Mit Erschütterung nahm ich die Nachricht über den tragischen Tod Ihrer Frau auf. Genehmigen Sie den Ausdruck meines tiefsten Beileids.

Janos Kádár

☆

Zum tragischen Tod Ihrer Gattin sende ich Ihnen mein aufrichtiges Beileid.

Steingrimur Hermannsson
Ministerpräsident von Island

☆

Mit Schmerz haben wir die traurige Nachricht vom Tode Ihrer Frau erfahren. Wir senden Ihnen unsere aufrichtige Anteilnahme.

Carl Gustav und Silvia
König und Königin von Schweden

☆

Anläßlich des tragischen Todes Ihrer Frau Gemahlin möchte ich Ihnen hierbei meine aufrichtige Anteilnahme zu dem schweren Verlust aussprechen.

Poul Schlueter
Ministerpräsident von Dänemark

☆

Habe mit Entsetzen erfahren, daß Ihre Frau bei einem Unfall ums Leben gekommen ist. Drücke meine christliche Anteilnahme aus an dem Unglück, das Sie und Ihre Familie trifft. Ich wünsche, Sie und Ihre Familie finden den Mut, um diese schwere Prüfung zu überstehen.

Leo Tindemans
Minister für Auswärtige Beziehungen, Brüssel

☆

Sehr geehrter Herr Dr. Strauß, wir möchten Ihnen zu dem plötzlichen Ableben Ihrer Frau Gemahlin unsere aufrichtige Anteilnahme zum Ausdruck bringen. Unser Mitgefühl gilt auch Ihrer Familie. Wir möchten Ihnen allen Kraft zur Ertragung des schweren Leids wünschen.

Kuaima Riruako, Präsident — Dirk Mudge, Vorsitzender
Demokratische Turnhallen-Allianz
von Namibia

☆

Having been traveling for the past few weeks I just learned of the tragic loss of your wife. Although more words cannot alleviate the pain you must feel, Nancy and I would like to offer our deepest sympathies. Soon as I return home I will write you. Warmest regards

Henry A. Kissinger

☆

Dear Mr. Strauß, I am much grieved to learn of the passing away of Mrs. Strauß as a result of a tragic accident. Please accept my deepest condolences on this very sad occasion.

Turgut Özal
Türkischer Ministerpräsident

Zu einem Trauerempfang hatte die Christlich-Soziale Union am Nachmittag des 30. Juni 1984 in das Antiquarium der Münchner Residenz geladen. Gerold Tandler in seiner Begrüßung: „Die Christlich-Soziale Union trauert mit ihrem Vorsitzenden, den Herrn Bayerischen Ministerpräsidenten Franz Josef Strauß, seinen Kindern, seiner Schwiegermutter und seiner Schwester um Frau Marianne Strauß, um eine große Frau, die uns in ihrer tiefen Liebe zur bayerischen Heimat, dem deutschen Vaterland und ihrer warmen Fürsorglichkeit für ihre Familie immer Vorbild war, ist und bleiben wird."

Monsieur le président et cher ami, c'est avec une profonde émotion que nous avons appris la triste nouvelle de la mort accidentelle de votre chère regretée épouse, Marianne Strauß. Nous garderons à jamais le chaleureux souvenir de nos nombreuses recontres avec l'illustre épouse d'homme d'état qu'elle fut et rendons hommage à cet égard à sa vie exemplaire qui restera le symbole de la tendresse dans l'action et du respect indéfectible des plus hautes valeurs humaines. En vous renouvelant nos sincères sentiments de vive compassion, je vous prie d'agréer, monsieur le président et cher ami, les assurances de ma très haute considération.

General Gnassingbe Eyadema
Präsident der Republik Togo

☆

Zum tragischen Tod Ihrer Gemahlin übermittelt der Heilige Vater Ihnen, sehr geehrter Herr Ministerpräsident, und Ihrer werten Familie den Ausdruck aufrichtiger Anteilnahme. Seine Heiligkeit versichert Sie des besonderen Gebetsgedenkens für die Vollendung der lieben Verstorbenen in Gottes ewigem Frieden und erteilt Ihnen und allen trauernden Angehörigen für Trost und Zuversicht aus dem Glauben an die Auferstehung von Herzen den apostolischen Segen. Nehmen Sie zugleich auch mein persönliches tiefempfundenes Beileid entgegen.

Agostino Kardinal Casaroli

☆

Sehr verehrter Herr Ministerpräsident, zu dem Schmerz, der Sie mit dem Tod Ihrer sehr verehrten Gattin getroffen hat, spreche ich Ihnen und Ihrer Familie meine tiefe Anteilnahme aus. Mit der Versicherung meines Gebetes, Ihr

Friedrich Wetter
Erzbischof

☆

Durch die Nachricht vom Tode Ihrer verehrten Gemahlin tief getroffen, spreche ich Ihnen aufrichtige Anteilnahme aus und versichere Sie meines Gebetes für die Verewigte.

Corrado Kardinal Bafile

☆

Sehr geehrter Herr Ministerpräsident, lieber Herr Dr. Strauß! Zum Tod Ihrer Ehefrau übermittle ich Ihnen im Namen der Deutschen Bischofskonferenz und persönlich meine tiefempfundene Anteilnahme. Der jähe Unfalltod Ihrer Frau macht uns bewußt, wie sehr der Tod ein ständiger Begleiter des Lebens ist. Doch der Tod hat nicht das letzte Wort. Als Christen glauben wir, daß durch den Kreuzestod und die Auferstehung Jesu Christi die „Tödlichkeit des Todes" überwunden ist. Ihnen und Ihrer Familie möchte ich die tröstenden Worte der Totenpräfation in Erinnerung rufen: „Bedrückt uns auch das Los des sicheren Todes, so tröstet uns doch die Verheißung der künftigen Unsterblichkeit; denn Deinen Gläubigen, o Herr, wird das Leben gewandelt, nicht genommen." Frau Marianne Strauß hat sich in ihrem Leben in vielfältiger Weise im sozial-karitativen Bereich für ihre Mitmenschen eingesetzt. Sie hat sich um behinderte Kinder ebenso gekümmert wie um Menschen, die an Multipler Sklerose erkrankt sind. Sie war Vorsitzende des Kuratoriums der Landesstiftung „Mutter und Kind" und im Vorstand des Caritasverbandes der Erzdiözese München und Freising. Für ihre geleistete Arbeit, die stets von christlichen Grundsätzen getragen war, schulden wir alle unseren Dank. Frau Marianne Strauß hatte den Mut, sich auch öffentlich zu ihren Glaubensüberzeugungen zu bekennen. Unvergessen bleibt ihr Appell, daß Familie und Religion wieder ihre Bedeutung in Staat und Gesellschaft zurückerhalten müßten, weil sie die eigentliche Grundlage allen menschlichen Zusammenlebens seien. Die katholische Kirche in Deutschland trauert mit Ihnen und Ihrer Familie um den Tod von Frau Marianne Strauß. In der Liebe Christi Ihr

Joseph Kardinal Höffner

☆

In tiefer Betroffenheit bekunde ich Ihnen, sehr verehrter Herr Ministerpräsident, und Ihren Kindern mein von Herzen kommendes Mitgefühl und die Anteilnahme des Landeskirchenrats der Evangelisch-Lutherischen Kirche in Bayern zu dem so schweren Verlust, der Sie ganz plötzlich getroffen hat. Möge Ihnen der dreieinige Gott in Ihrem Schmerz nahe sein, gerade auch wenn die Frage nach den rätselhaften und unerforschlichen Wegen sich wie eine Last auf die Seele legen will. Wo Menschenworte versagen müssen, schenke Gott Ihnen Trost aus dem Glauben an die Auferweckung und aus der christlichen Hoffnung auf ewiges Leben. Aufrichtig Ihr

Johannes Hanselmann
Landesbischof

Im Antiquarium der Residenz – hinter dem Bild von Marianne Strauß Theo Waigel, Alfred Dregger, Helmut Kohl, Lothar Späth, Karl Carstens und Edmund Stoiber.

Erschüttert über die Nachricht vom tragischen Tod Ihrer lieben, von uns hochgeschätzten Gattin möchte ich Ihnen, sehr verehrter Herr Ministerpräsident, persönlich wie auch im Namen der jüdischen Bevölkerung Bayerns meine tiefempfundene Anteilnahme zum Ausdruck bringen. Ihr sehr ergebener

Dr. Simon Snopkowski

☆

Schmerzvoll erschüttert über die erschreckende Nachricht des plötzlichen Heimgangs Ihrer verehrten Gattin übermittle ich Ihnen und Ihrer lieben Familie in herzlicher Verbundenheit tiefempfundene Teilnahme und versichere inständiges Gebetsdenken.

Erzbischof Guido Del Mestri
Apostolischer Nuntius

☆

Sehr geehrter Herr Ministerpräsident, gestatten Sie mir, Ihnen auf diesem Wege meine herzliche Anteilnahme zu versichern. Wie viele, die Ihre verehrte Gattin kannten und schätzten, bin ich zutiefst bestürzt; ich trauere mit Ihnen. Möge Ihnen Ihr Glaube helfen und Ihnen den Trost vermitteln, um das unfaßbare Schicksal zu meistern.

Werner Nachmann
Vorsitzender des Direktoriums
des Zentralrates der Juden in Deutschland

☆

C'est avec un grand regret que j'apprends le décès accidentel de votre épouse Madame Strauß. Je me faisais un grand plaisir de la recontrer en même temps que vous lors de mon prochain voyage en Allemagne Fédérale. Sa disparition brutale me cause beaucoup de peine. Je vous prie de trouver ici, Monsieur le Ministre-Président, l'expression de mes condoléances les plus sincères et de ma profonde sympathie.

El Hadj Omar Bongo
Staatspräsident von Gabun

☆

My wife Ines and I send our deepest condolences on the death of your wife Marianne. Our hearts are heavy with grief and we sincerely share in your sorrow. We offer our prayers and our heartfelt sympathy. May God console you and bless you always.

José Napoleon Duarte
Presidente de la Republica El Salvador

☆

Partecipo suo grande dolore con sentimenti profonda solidarietà.

Arnaldo Forlani
Stellvertretender italienischer Ministerpräsident

☆

Zutiefst erschüttert haben wir soeben von dem tragischen Unfall Ihrer Frau gehört. Wir sind in diesen Stunden in Gedanken bei Ihnen.

Teddy Kollek
Bürgermeister von Jerusalem

Tief erschüttert durch die traurige Nachricht vom tragischen Unfall Ihrer Frau nehmen die Großherzogin und ich tiefen Anteil an Ihrem großen Schmerz und senden Ihnen und Ihrer Familie unser herzlichstes Beileid.

Jean Großherzog von Luxemburg

☆

On behalf of myself and my organization I convey to you our deepest sadness for the sudden and tragic departure of your beloved wife. May Almighty God in his infinite wisdom give you strength through difficult time. Sincerely

Jonas Savimbi
Unita – Angola

☆

Sehr geehrter Herr Ministerpräsident, im Augenblick, da ich die Bundesrepublik Deutschland nach meinem offiziellen Besuch verlasse und in die Türkei zurückkehre, erreicht mich die erschütternde Nachricht vom Ableben Ihrer verehrten Gattin. Zu diesem schweren Schicksalsschlag sprechen meine Frau und ich Euer Exzellenz und den Anverwandten unser aufrichtiges inniges Mitgefühl aus. Wir hoffen, daß die starke und echte Anteilnahme all derer, die um die Gefühle Ihrer Trauer wissen, Ihnen in dieser schweren Zeit Trost geben. Mit stillem Gruß und in herzlicher Verbundenheit auch im Namen meiner Frau, verbleibe ich Ihr

Vahit Halefoglu
Außenminister der Republik Türkei

In tiefer Anteilnahme erbittet Vollendung in Gott für die unvergleichliche Frau Marianne sowie Trost und Kraft für Sie und Ihre Familie

Erzbischof Augustinus Mayer
Rom

☆

Im Namen des Konsularcorps in Bayern und in meinem eigenen spreche ich Eurer Exzellenz unser aufrichtiges Beileid zu dem tragischen Tod Ihrer Gattin aus.

Pedro Emilio Penner da Cunha
Generalkonsul von Brasilien
Doyen des Konsularcorps in Bayern

☆

Sehr geehrter Herr Ministerpräsident, zum tragischen und für uns unfaßbaren Tode Ihrer verehrten Gattin sprechen wir Ihnen, im Namen der Griechisch-Orthodoxen Kirche in Bayern, unser Mitgefühl und unsere tiefe Anteilnahme aus.

Bischof Dimitrios von Thermai
Griechisch-orthodoxer
Metropolitanrat in Bayern

☆

Tief erschüttert über das große Unglück, das Sie und Ihre Familie getroffen hat, spreche ich Ihnen mein Beileid aus. Ich werde für die Heimgegangene und für Sie beten.

Prinzessin Pilar von Bayern

Tief erschüttert durch die Nachricht vom tragischen Hinscheiden Ihrer verehrten Frau drükke ich Ihnen, Ihrem Sohn und der ganzen Familie meine herzliche Anteilnahme aus. Ich teile Ihren Schmerz, den unser heutiges Treffen, für das ich Ihnen wärmstens danke, noch vertieft hat. Ich teile mit Ihnen auch den Trost des Glaubens und der christlichen Hoffnung, daß den Treuen das Leben geändert wird und nicht weggenommen. Ich schließe die edle Seele der verehrten Verstorbenen in meine Gebete und in die heilige Messe ein, daß sie der auferstandene Herr auf ewig erfreue und Sie und Ihre Familie mit seiner Gnade tröste.

Franjo Kardinal Kuharic
Erzbischof von Zagreb

☆

An Ihrem großen Leid nehme ich innigen Anteil. In herzlicher Verbundenheit grüßt Sie und Ihre Familie Ihr

Louis Ferdinand Prinz von Preußen

☆

Tief erschüttert nehmen wir Anteil an dem tragischen Unglück, welches Sie und Ihre Familie getroffen hat. In Anteilnahme

Fürst und Fürstin Oettingen-Wallerstein

☆

Lieber Franz Josef, Helga und ich vernahmen soeben mit Bestürzung die Nachricht vom Tode Deiner lieben Frau. Unsere Gedanken und Gebete sind bei Euch. Wir teilen Deinen Schmerz. Können wir helfen? Wir drücken Dir die Hand und sind mit stillem Gruß Deine

Rainer und Helga Barzel

☆

Lieber Herr Strauß, wir sind Ihnen in tiefem Mitgefühl verbunden. Ihre

Hans-Dietrich und Barbara Genscher

☆

Sehr geehrter Herr Ministerpräsident, zu dem schrecklichen Verlust, den Sie erlitten haben, spreche ich Ihnen mein aufrichtiges Beileid aus.

Willy Brandt

☆

Sehr geehrter Herr Ministerpräsident! Die Bayerischen Kapuziner nehmen innig Anteil an dem schweren Verlust, der Sie und Ihre Familie getroffen hat. Wir beten für Sie und Ihre verstorbene Frau Gemahlin.

Pater Bonifatius Strack
Provinzial der Bayerischen Kapuziner

☆

Zu dem unfaßbaren Leid, das Sie so plötzlich getroffen hat, spreche ich Ihnen meine herzliche Teilnahme aus. Wir sind in Gedanken fest bei Ihnen und Ihrer geliebten Frau, der wir so unendlich viel zu verdanken haben. Ihre

Annemarie Griesinger

Sehr geehrter, lieber Herr Strauß! Mit tiefer Bestürzung und Betroffenheit haben wir von dem tragischen Unglück erfahren, bei dem Ihre von uns hochgeschätzte Gattin den Tod fand. Zu dem schmerzlichen Verlust, den Sie durch ihren unerwarteten und allzu frühen Heimgang erlitten haben, sprechen wir Ihnen und Ihrer Familie unsere herzliche Anteilnahme aus. In aufrichtigem Mitempfinden

Edith und Werner Zeyer

☆

Lieber Franz Josef Strauß, wie alle Freunde sind wir tief bestürzt über die schreckliche Nachricht vom Tode Ihrer lieben Frau. Wir möchten Ihnen unser tiefempfundenes Beileid zum Ausdruck bringen. In aufrichtiger Mittrauer

Ursula und Lothar Späth

☆

Lieber Herr Strauß, die Nachricht vom plötzlichen Tode Ihrer Frau hat meine Frau und mich zutiefst erschüttert. Wir können es nicht fassen, daß diese lebensfrohe, stets zuversichtliche und zupackende Frau nicht mehr unter uns weilt. Wir haben sie sehr gern gehabt und in vielen Situationen bewundert. Ebensosehr denken wir heute aber an Sie und Ihre Kinder. Wir wissen, wie glücklich Ihre Ehe war und wieviel Ihre Frau Ihnen bedeutet. Wir sind Ihnen in Ihrem Schmerz aufrichtig verbunden und bitten den Herrgott, daß er Ihnen Kraft gebe und Ihrer Frau das ewige Leben. Ihr

Ernst Albrecht

Sehr geehrter, lieber Herr Strauß, die Nachricht vom plötzlichen Tod Ihrer Frau hat mich zutiefst erschüttert, und ich spreche Ihnen auch im Namen des Senats mein tiefempfundenes Mitgefühl aus. Marianne Strauß war eine eindrucksvolle Persönlichkeit, die mit Herz und Verstand den politischen Weg ihres Mannes unterstützt und begleitet hat. Meine Frau und ich sprechen Ihnen, verehrter Herr Strauß, unser herzliches Beileid aus. Ihr

Eberhard Diepgen

☆

Sehr geehrter Herr Ministerpräsident, lieber Herr Strauß, die Nachricht vom Tode Ihrer Frau hat meine Frau und mich zutiefst erschüttert. Im Namen des Senats der Freien Hansestadt Bremen, vor allem aber ganz persönlich, möchte ich Ihnen mein aufrichtiges Mitgefühl aussprechen. Dieser tragische Unglücksfall ist ein Schicksalsschlag, den zu überwinden viel Kraft und Gläubigkeit erfordert. Ich kann nur hoffen, daß Ihr Schmerz um den Verlust eines geliebten Menschen dadurch gemildert wird, daß Sie so viele Beweise des Mitgefühls und der Sympathie erhalten.

Hans Koschnik
Bürgermeister und Präsident des Senats

☆

Sehr verehrter Herr Präsident, mit tiefer Erschütterung habe ich von dem schweren und schmerzlichen Verlust erfahren, der Sie und die Ihren durch den Tod Ihrer Frau getroffen hat. Im Namen aller Mitglieder des Bundesrates, aber auch in meinem Namen, möchte ich Ihnen aufrichtige Anteilnahme aussprechen. Ich wünsche Ihnen und Ihrer Familie, daß eines Tages die Dankbarkeit für das gemeinsame Leben den Schmerz überwinden helfen kann. Ihr

Johannes Rau

☆

Sehr geehrter Herr Ministerpräsident, zu dem schweren Verlust, der Sie durch den Tod Ihrer Gemahlin getroffen hat, spreche ich Ihnen im Namen der SPD-Bundestagsfraktion, aber auch ganz persönlich mein sehr herzliches Beileid aus. Ich bin der Verstorbenen schon als Münchens Oberbürgermeister bei vielen Anlässen begegnet und kann ermessen, was der Tod dieser eindrucksvollen Frau für Sie bedeutet. In aufrichtiger Anteilnahme Ihr

Hans-Jochen Vogel

☆

Lieber Freund, mit großer Betroffenheit haben Deine Freunde in der Österreichischen Volkspartei die traurige Nachricht vom tragischen Unfall Deiner Gattin erfahren. Wir möchten in dieser für Dich so schmerzlichen Stunde Dir unsere persönliche Anteilnahme aussprechen. Wir hoffen, daß das Mitgefühl, das Dir sicherlich von vielen Seiten zum Ausdruck gebracht wird, eine kleine Hilfe ist, diese schwere Zeit zu ertragen. In persönlicher Anteilnahme

Dr. Alois Mock
Bundesparteiobmann der ÖVP

Sehr geehrter Herr Ministerpräsident, lieber Herr Dr. Strauß, die Nachricht vom tragischen Unfall Ihrer Frau hat mich sehr bewegt. Ich nehme herzlichen Anteil an Ihrem Schmerz und spreche Ihnen und allen Angehörigen mein tiefempfundenes Beileid aus. Ich weiß, wovon ich spreche, wenn ich Ihnen heute Kraft und Lebensmut wünsche.

Walter Scheel

☆

Mit tiefster Anteilnahme in diesen dunklen Tagen

Joseph Luns

☆

Sehr geehrter Herr Strauß, mit Entsetzen und großer Trauer habe ich eben im Rundfunk erfahren, daß Ihre Frau tödlich verunglückt ist. Mir fehlen die Worte, mit denen ich mein Mitgefühl ausdrücken könnte. Ich spreche Ihnen und Ihren Kindern meine aufrichtige Anteilnahme aus.

Ihre Annemarie Renger

☆

Sehr geehrter Herr Kollege Dr. Strauß, mit großer Bestürzung habe ich vom Tod Ihrer Gattin erfahren. Ihnen und Ihrer Familie möchte ich zu dem schmerzlichen Verlust auch im Namen meiner Frau mein tief empfundenes Beileid aussprechen. Wir denken in diesen Tagen bewegt an die Begegnungen zurück, in denen wir mit Ihrer Gattin zusammen waren und sie kennen und besonders schätzen lernten. Um so betroffener sind wir über den tragischen Unfall, der sie Ihnen für immer entrissen hat. Sie wird Ihnen und Ihren Kindern gewiß unersetzbar bleiben. Ich wünsche Ihnen für die kommende schwere Zeit viel Kraft und teile in aufrichtiger Verbundenheit Ihre Trauer. Ihr

Holger Börner

☆

Sehr verehrter Herr Ministerpräsident, lieber Herr Dr. Strauß! Mit großer Erschütterung haben meine Frau und ich von dem tragischen Tod Ihrer verehrten Gattin erfahren. Wie so viele andere Menschen wollten wir die Nachricht nicht glauben. Immer wieder haben meine Familie und viele Freunde in den letzten Tagen über diesen Schicksalsschlag gesprochen, und unsere Gedanken gingen und gehen immer wieder zu Ihnen und Ihrer Familie. Ich wünsche Ihnen Kraft und Gottes Segen. In aufrichtiger Mittrauer und in herzlicher Verbundenheit Ihnen und Ihren Lieben stets Ihr

Dr. Walter Wallmann
Oberbürgermeister von Frankfurt

☆

Lieber Herr Strauß, tief betroffen vom tragischen Tod Ihrer Frau spreche ich Ihnen auch im Namen der CDU meine herzliche Anteilnahme aus. Die CDU trauert mit Ihnen und Ihrer Familie um Ihre Frau, die in vorbildlicher Weise ihre Aufgabe an Ihrer Seite wahrgenommen hat und die, von der bayerischen Bevölkerung geliebt und geachtet, sich besonders um unsere Familien, die alleinstehenden Mütter und unsere Kinder verdient gemacht hat. In diesen schweren Tagen fühlen wir uns mit Ihnen besonders verbunden. Ihr

Dr. Heiner Geißler

☆

Lieber Herr Strauß, zum Heimgang Ihrer Frau Gemahlin spreche ich Ihnen und Ihren Kindern auch im Namen meiner Frau unsere herzliche und tiefempfundene Anteilnahme aus. Wir werden die Verewigte stets in lebendiger und dankbarer Erinnerung behalten. Ihnen wünsche ich göttlichen Trost in der Erinnerung an den gemeinsamen Lebensweg. Ihr

Gerhard Stoltenberg

☆

Tief erschüttert über den schweren Verlust, den Sie erlitten haben, verbinde ich mich in Gedanken mit Ihnen und Ihrer Familie. Möge Ihnen Gott die Kraft verleihen, die Sie jetzt nötig haben. Ihr

Hans Filbinger

☆

Sehr geehrter Herr Ministerpräsident! Nach meiner Rückkehr in die Bundesrepublik Deutschland ist es mir ein aufrichtiges Bedürfnis, Ihnen und Ihrer Familie mein tiefempfundenes Beileid zum tragischen Tod Ihrer verehrten Gattin auszusprechen.

Ewald Moldt

Sehr verehrter Herr Ministerpräsident, Ihnen und Ihrer Familie sagt die Abteilung Bayern des Souveränen Malteser-Ritter-Ordens ihre aufrichtige und tiefempfundene Teilnahme zum Tode Ihrer verehrten Frau Gemahlin. Die hohe Verstorbene war ein leuchtendes Beispiel christlich-karitativer Pflichterfüllung, als Vorbild wird sie in unserer Erinnerung bleiben.

Dr. Hermann Freiherr von Mylius
Vorsitzender

☆

Tief erschüttert nehme ich Anteil an Ihrem so schweren Verlust.

Ernst August Prinz von Hannover

☆

La tragique disparition de votre regrettée épouse nous a plongé dans une peine profonde. Son souvenir demeurera pour nous inoubliable. Devant cette épreuve douleureuse qui vous affecte vous prions accepter expression notre vive sympathie et nos condoléances emues.

Hedi et Lilia Mokaddem
Ministre Affaires Etrangères Tunisie

☆

Words cannot describe the feelings I have for you and the family, Max and Monika, upon the tragic loss of Marianne. This sad news reached me in Manila, and I offer the prayers and the deepest condolences of my family to all of you. She was an extraordinary woman who was loved by all. Her memory will remain with me always, as she was so kind and thoughtful. She leaves a wonderful legacy for you and the children. With greatest sympathy and strong friendship at this sad moment, sincerely

Dick Allen and family
Washington

☆

Tief erschüttert über die so traurige Nachricht. In Gedanken bei Ihnen und Ihrer Familie.

Prinz und Prinzessin
Leopold von Bayern

☆

Ich habe mit großem Bedauern von dem Tod Ihrer Frau Gemahlin durch einen schrecklichen Unfall erfahren. Erlauben Sie mir, Exzellenz, mein herzliches Beileid und Mitgefühl zum Ausdruck zu bringen. In diesen schmerzlichen Tagen möge Gott zu Ihnen stehen und Sie mit Kraft und Stärke versorgen.

Mohammed Safwat el-Sherief
Informationsminister der
Arabischen Republik Ägypten

☆

Exzellenz, sehr verehrter Herr Strauß, unendliche Trauer beseelte mich, als ich die Nachricht vom unglücklichen Ableben Ihrer hochverehrten Gattin erhielt. Hiermit erlaube ich mir, Ihnen meine tiefempfundene Anteilnahme und aufrichtiges Beileid auszusprechen.

An Zniyuan
Botschafter der Volksrepublik China

With deepest sorrow we have taken note of the passing away of your late wife. May God bestow mercy on her in unendless heavens. May God bless you with inspiration of patience.

Generalmajor Mustafa Tlaass
stellv. Ministerpräsident
Verteidigungsminister, Damaskus

☆

Wir sind zutiefst erschüttert über den plötzlichen Heimgang unserer lieben Marianne und fühlen uns mit Ihnen sehr verbunden.

Hella, Isabell und Eugen von Bayern

☆

Das tragische Ableben Deiner werten Gemahlin hat uns alle tief erschüttert. Gestatte mir, daß ich Dir und Deiner Familie auf diesem Wege aufrichtige Anteilnahme zu diesem schmerzlichen Verlust ausdrücke.

Siegfried Ludwig
Landeshauptmann von Niederösterreich

☆

Zum plötzlichen Heimgang Ihrer Gattin, unserer hochverehrten Schirmherrin, entbieten wir unser tiefstes und innigstes Mitgefühl. Ihr ungemein hingebungsvolles und von der Kraft ihrer Persönlichkeit getragenes Wirken wird sie uns für immer unvergessen bleiben lassen.

Deutsche Multiple-Sklerose-Gesellschaft
Landesverband Bayern e. V.
Heinz Stroer, Vorstandsvorsitzender

Von überall her waren die Menschen gekommen, Marianne Strauß das letzte Geleit zu geben.

Sehr verehrter Herr Strauß, wir teilen Ihren Schmerz und versichern Ihnen, daß uns Ihre Frau in steter Erinnerung bleiben wird. Ihr

Manfred Bieler und Frau Marcella

☆

Lieber Franz Josef, Mariannes tragischer Unfall hat uns zutiefst erschüttert. Wir möchten Dir und Deinen Kindern unser tiefempfundenes inniges Beileid aussprechen.

Françoise und Henri François-Poncet

☆

Dear Mr. Ministerpräsident, the tragic news about your wife have reached us here in Washington. We are deeply saddened and we extend to you our heartfelt sympathy.

Arthur F. and Hellen B. Burns
US-Botschafter

☆

I wish to express my deep sympathy at this tragic moment and although at inevitable distance I want to share with you and your family this feeling of grief. Yours sincerely

Manuel Fraga Iribarne
Madrid

☆

Profondamente addolorato per grave disgrazia che l'ha colpita attraverso repentina tragica morte amata consorte le sono fraternamente vicino nel conforto et nel cristiano suffragio al nome Consiglio Nazionale Democrazia Cristiana Italiana et mio personale.

Flaminio Piccoli
Presidente Consiglio Nazionale
della Democrazia Cristiana, Roma

☆

Zutiefst betroffen durch die tragische Nachricht übermittle ich den Ausdruck herzlichster Anteilnahme.

Senator Dr. Karl Mitterdorfer
Bozen

☆

Tief bewegt möchte ich Ihnen von ganzem Herzen mein Beileid aussprechen.

Dr. Rafael Caldera
Ehem. Staatspräsident von Venezuela

☆

Sehr geschätzter Herr Ministerpräsident, lieber Freund! Mit Erschütterung haben meine Gesinnungsfreunde und ich vom tragischen Unglück Deiner geschätzten Gattin erfahren. Nimm bitte auf diesem Wege unser herzliches, tiefempfundenes Beileid entgegen. Möge es Dir vergönnt sein, den schweren Schicksalsschlag mit Gottes Hilfe zu überwinden.

Dr. Herbert Kessler
Landeshauptmann von Vorarlberg

Im Namen der Trentiner Tiroler Volkspartei, tiefstens betroffen wegen des schweren Verlustes für Sie und Ihre Familie und das ganze Volk drücke ich unser tiefstes Beileid aus.

Heinrich Pruner

☆

Es ist schwer, in solchen Stunden durch Worte das Unfaßbare zu fassen und Trost zu vermitteln. Ich hoffe dennoch, daß Ihnen die Kraft Ihres Glaubens, Ihre große Aufgabe und Ihre innere Stärke Trost und Zuversicht geben werden. In aufrichtiger Verbundenheit Ihr

Evangelos Averoff Tossizza
Vorsitzender der
Nea Demokratia Athen

☆

Tief betrübt von der kaum faßlichen Nachricht bitte ich Sie, den Ausdruck meiner herzlichen Teilnahme anzunehmen.

Golo Mann

☆

Zutiefst erschüttert sprechen wir Ihnen und Ihren Kindern unser aufrichtiges herzliches Beileid aus. In aufrichtiger Verbundenheit

Fürst und Fürstin von Thurn und Taxis

☆

Sehr geehrter Herr Ministerpräsident! Tief erschüttert hat uns die Nachricht vom tödlichen

Autounfall Ihrer lieben Frau Marianne. Im Namen des Landesvorstandes und der Landesgeschäftsführung des VdK in Bayern als auch persönlich sprechen wir Ihnen und Ihren Angehörigen zu diesem schmerzlichen Verlust unser tiefes Mitgefühl und unsere aufrichtige Anteilnahme aus. Mit Marianne Strauß verlieren wir eine Persönlichkeit, die sich stets in vorbildlicher Weise für die Belange der sozial Schwachen in unserem Lande einsetzte. Nehmen Sie die Gewißheit entgegen, daß wir an Ihrem großen Leid aufrichtig Anteil nehmen.

Karl Weishäupl
Landesvorsitzender
Hugo Karl
Landesgeschäftsführer

☆

Lieber Herr Strauß, Ihnen und Ihren Kindern möchte ich mein tiefes Beileid zu dem tragischen Tod Ihrer Frau aussprechen. Ihre

Mildred Scheel

☆

Sehr geehrter Herr Ministerpräsident! Mit großer Bestürzung haben wir von dem plötzlichen Tod Ihrer Frau erfahren. Wir möchten Ihnen und Ihrer Familie unsere herzliche und tiefempfundene Anteilnahme versichern. Mit ihr verlieren aber auch jene Mitbürger eine stets bereite und tatkräftige Helferin, die mehr auf der Schattenseite des Lebens stehen.

Richard Kreis
Vorsitzender des Landesverbandes Bayern für spastisch Gelähmte und andere Körperbehinderte e. V.

Sehr verehrter, lieber Herr Strauß, zu dem unersetzlichen Verlust, der Sie getroffen hat, nehmen Sie bitte meine aufrichtige Anteilnahme entgegen.

Ihr Alex Möller

☆

Tief erschüttert bin ich persönlich wie im Namen der ganzen Katholischen Universität Eichstätt im Gebet bei Ihnen.

Nikolaus Lobkowicz

☆

Hochverehrter Herr Ministerpräsident Dr. Strauß! Wir trauern mit Ihnen und beten für Ihre liebe Frau und für Sie. Ihre liebe Frau wird uns unvergessen bleiben!

Lorenz Allgäuer
Landesvorsitzender des
Christlichen Gewerkschaftsbundes
in Bayern

☆

Sehr geehrter Herr Ministerpräsident, mit Entsetzen haben wir die Nachricht über den tragischen Tod Ihrer Gattin aufgenommen. Dieser Verlust reißt für alle eine unschließbare Lücke. Wir sprechen Ihnen und Ihrer Familie unser tiefstes Mitleid aus.

Verband alleinstehender Mütter und Väter e. V.
Sabine Engel, Vorsitzende

Sehr geehrter Herr Ministerpräsident, zum tragischen Tod Ihrer Gattin möchte ich Ihnen persönlich und im Namen meiner Organisation mein tiefempfundenes Beileid ausdrücken. Ich habe Ihre Frau bei zahlreichen offiziellen Anlässen als interessierte und sozial engagierte Persönlichkeit kennen und schätzen gelernt. Ich fühle mit Ihnen und Ihrer Familie in Anteilnahme und Trauer. Ihr

Jakob Deffner
Vorsitzender des
Deutschen Gewerkschaftsbundes,
Landesbezirk Bayern

☆

Sehr geehrter Herr Ministerpräsident, zum jähen und so unbegreiflichen Tod Ihrer verehrten Frau Gemahlin sagen Ihnen und Ihren Kindern der Bayerische Bauernverband und die bayerischen Bäuerinnen und Bauern ihr aufrichtiges Beileid. Auch wir sind tief betroffen von dem unersetzlichen Verlust, der Sie und Ihre Familie getroffen hat. Oft und gern war Ihre verehrte Frau Gemahlin im Kreis der Landwirtschaft, wobei sie sich besonders für die Anliegen unserer Landfrauen engagiert hat. Bei unseren Landfrauen und in der ganzen bayerischen Landwirtschaft stand sie in hohem Ansehen. Wir werden Frau Marianne Strauß ein ehrendes Andenken bewahren.

Bayerischer Bauernverband

☆

Lieber, hochverehrter Herr Ministerpräsident, zu dem schweren Verlust, der Sie getroffen hat, möchten meine Frau und ich unsere tiefe Anteilnahme aussprechen. Welch besonderen wertvollen Menschen Sie und Ihre Familie in Ihrer Frau verloren haben, spürt die Öffentlichkeit in bewegender Weise und fühlen wir, die wir das Glück hatten, gelegentlich mit ihr in persönlichen Kontakt zu kommen, besonders. Wir werden uns an Marianne Strauß immer als an eine heitere, Kraft ausstrahlende, bewundernswerte und liebenswerte Frau erinnern.

Axel und Inge von Ambesser

☆

Hochverehrter Herr Ministerpräsident, die Nachricht vom tragischen Unfalltod Ihrer verehrten Frau Gemahlin hat uns Sudetendeutsche tief getroffen und berührt. Wir erinnern uns gerne an die verschiedenen Begegnungen, bei denen sie mit Ihnen, dem Schirmherrn unserer Volksgruppe, unter uns weilte. Namens des Bundesvorstandes der Sudetendeutschen Landsmannschaft grüße ich Sie und Ihre Kinder in herzlicher Anteilnahme.

Jörg Kudlich
Bundesvorsitzender

☆

Tiefste Erschütterung versichert Ihnen Ihr

Rainer Bäurich
DDR-Aussiedler

☆

Zutiefst erschüttert durch das jähe tragische Ableben unserer lieben verehrten Freundin Marianne übermitteln wir Ihnen, lieber Herr Strauß und Ihrer Familie, unsere wärmste Anteilnahme mit allen guten Wünschen für Ihr persönliches Ergehen. Mögen Sie angesichts Ihres unverzichtbaren öffentlichen Wirkens die Kraft zur Überwindung dieses schweren Schicksalsschlages finden.

In herzlicher Verbundenheit Ihre

Peter und Julia von Siemens

☆

Sehr geehrter Herr Ministerpräsident, in tiefer Erschütterung und noch unter dem Eindruck der unfaßbaren Nachricht übermitteln wir Ihnen namens von Präsidium, Vorstand und Geschäftsführung der Vereinigung der Arbeitgeberverbände in Bayern unser tief empfundenes Beileid. Mit dem Hinscheiden Ihrer verehrten Gattin verliert auch die bayerische Wirtschaft eine Landesmutter, die sich in maßgebenden Bereichen besondere Verdienste erworben hat. In mittrauernder Verbundenheit

Dr. Wrede, Moser, Dr. Schenk
Vereinigung der Arbeitgeberverbände in Bayern

☆

Sehr geehrter Herr Ministerpräsident, lieber Herr Strauß, die Nachricht vom Unfalltod Ihrer Frau hat mich tief erschüttert. Erlauben Sie mir, daß ich Ihnen auf diesem Weg aus Kanada ein erstes Zeichen meiner tiefempfundenen Anteilnahme an dem großen Schmerz übermittle, den Sie und Ihre Kinder durch diesen schrecklichen Verlust erleiden müssen.

Rolf Rodenstock
z. Zt. Niagara-on-the-lake

☆

Lieber Herr Dr. Strauß, die Nachricht vom Tod Ihrer Frau hat meine Frau und mich sehr erschüttert. Ihnen und Ihren Kindern gilt unser tiefes Mitgefühl. Ihr

Hartmut Perschau
Vorsitzender der CDU-Bürgerschaftsfraktion
Hamburg

☆

Sehr geehrter Herr Ministerpräsident, der tragische Unfalltod Ihrer verehrten und allseits hochgeschätzten Ehegattin hat im Bayerischen Lehrer- und Lehrerinnenverband größte Betroffenheit ausgelöst. Sowohl namens des BLLV wie auch persönlich übermittle ich Ihnen meine tiefempfundene und herzliche Anteilnahme. Möge in dieser schweren Stunde Gott mit Ihnen und Ihrer Familie sein.

Albin Dannhäuser
Präsident des BLLV

☆

Zu dem schmerzlichen Verlust, den Sie, Ihre Familie und Bayern durch den tragischen Tod Ihrer Gattin erlitten haben, spreche ich Ihnen namens des Bayerischen Beamtenbundes und persönlich aufrichtige Anteilnahme und herzliches Beileid aus.

Werner Gebhard
Vorsitzender, Senator

☆

Sehr geehrter Herr Ministerpräsident, lieber Dr. Strauß! Mit Bestürzung erhielten wir die Nachricht vom plötzlichen Unfalltod Ihrer Gattin. Durch ihr unermüdliches, selbstloses Engagement in so vielen Bereichen der Gesundheit und Wohlfahrtspflege war sie Beispiel und Vorbild. Wir werden ihr Andenken bewahren. In tiefer Anteilnahme

Arbeiter-Samariterbund
Kreisverband München

☆

Wir entbieten Ihnen von Herzen unsere mitmenschliche Teilnahme und unser Mitleiden mit Ihnen und Ihrer Familie.

SPD-Ortsverein Saaldorf

☆

Lieber Herr Strauß! Meine Frau, meine Kinder und ich teilen Ihren Schmerz im treuen Gedenken. Ihr

Gerd Schmückle

☆

Worte können nicht trösten. Doch sollen Sie wissen, daß Ihre Freunde mit allen Gedanken bei Ihnen sind. Ihre treu ergebenen

Mechthild und Wolfgang Sawallisch

☆

Wir trauern mit Ihnen und Ihren Kindern.

August und Gustava Everding

Tief erschüttert möchten wir Ihnen und Ihrer Familie unsere aufrichtige Anteilnahme aussprechen.

Margarete und Hans Clarin

☆

Sehr verehrter Herr Dr. Strauß, von der Nachricht des tragischen Unfalls tief betroffen, ist es meiner Frau und mir ein Bedürfnis, Sie unserer aufrichtigen Anteilnahme zu versichern.

Blacky Fuchsberger und Frau Gundel

☆

Die Nachricht des entsetzlichen Geschehens, das Sie und Ihre Familie getroffen hat, läßt mich kaum Worte finden. Meine Frau und ich, wir drücken Ihnen in ehrlichem Mitgefühl die Hand! Ihr

Beppo Brehm und Frau

☆

Tief erschüttert denken wir an Sie in aufrichtiger Anteilnahme.

Klaus-Maria und Karin Brandauer

☆

Solo ora apprendo del grave lutto familiare che ti ha colpito. Con senso cristiano partecipo al tuo immenso dolore anche al nome della Democratici Cristiani Italiani.

Ciriaco De Mita
Generalsekretär der Democrazia Cristiana

Hochverehrter Herr Ministerpräsident! Wie so viele Menschen in unserer bayerischen Heimat hat auch unsere klösterliche Gemeinschaft die erschütternde Nachricht vom Heimgang Ihrer hochverehrten Gattin mit großem Schmerz erfüllt. Es ist sicher kaum zu ermessen, wie sehr dieser Verlust Sie und Ihre Familie betrifft. Seien Sie daher unserer herzlichen Anteilnahme und unserer Gebete versichert. Die große menschliche Ausstrahlung und ihr bewundernswerter Einsatz gerade auch für die Notleidenden werden sicher lange Zeit unvergessen bleiben. Im Glauben sind wir uns gewiß, daß Ihre Gattin in der Fülle des Lebens ist und darum auch Ihnen, Ihrer Familie, aber auch Ihrem Wirken hilfreich nahe bleibt. Möge der Herr Ihrer Gattin alles Gute, das sie getan hat, reichlich lohnen. Möge er Sie in diesen schweren Tagen trösten und stärken. Mit dem Ausdruck verehrungsvoller Verbundenheit und herzlicher Dankbarkeit bleibe ich Ihr sehr ergebener

Dr. Odilo Lechner OSB
Abt von St. Bonifaz

☆

Wir sind sehr betroffen.

Nadja und Walter Giller

☆

Zum tragischen Tod Ihrer verehrten Gattin entbieten der FDP-Bezirksverband Niederbayern sowie ich unsere aufrichtige Anteilnahme.

Hans Paintner, MdB
Bezirksvorsitzender der FDP Niederbayern

Über Tage hin riß die Reihe der Menschen nicht ab, die mit dem Eintrag ihres Namens in das Kondolenzbuch, das im Münchner Prinz-Carl-Palais aufgelegt war, ihre Wertschätzung für Marianne Strauß und ihre Anteilnahme für die Familie Strauß zum Ausdruck bringen wollten.

Sehr geehrter Herr Ministerpräsident, mit Betroffenheit haben wir vom plötzlichen Tod Ihrer Frau erfahren. Wir haben sie in unserer Beratungsstelle kennenlernen können und auch später als Förderin unserer Arbeit erlebt. Wir möchten Ihnen und Ihrer Familie unser Beileid aussprechen. Mit vorzüglicher Hochachtung

Hannelore Diez
Familien-Notruf München

☆

Sehr geehrter Herr Ministerpräsident, lieber Herr Dr. Strauß, mit Bestürzung und großer Betroffenheit habe ich die Nachricht von dem tragischen Unglück vernommen, das Ihnen Ihre hochverehrte Gemahlin und liebe Frau genommen hat. Zu diesem für Sie und Ihre Familie unersetzlichen Verlust möchte ich Ihnen mein persönlich tief empfundenes Beileid übermitteln. Ich weiß, wie eng die Verstorbene an Ihrer Seite gestanden und auch im öffentlichen Bereich Ihnen die Flanke gesichert hat. Dabei hat sie sich durch ihre Geisteskraft und große Liebenswürdigkeit allseits großen Respekt und Zuneigung erworben. Meine Frau und ich werden Marianne Strauß stets ein ehrendes Andenken bewahren.

Paul Schnitker
Präsident des Zentralverbandes
des Deutschen Handwerks

☆

Sehr verehrter Herr Ministerpräsident! Erschüttert vom tragischen Tod Ihrer verehrten Frau Gemahlin spreche ich Ihnen im Namen der Benediktinerinnen von Frauenwörth unser tief empfundenes Beileid aus. Wir versichern Sie unseres Gebetes und werden der verehrten Verstorbenen auch beim eucharistischen Opfer gedenken, das in unserem Chor für sie dargebracht wird. In aufrichtiger Teilnahme grüßt Sie, sehr geehrter Herr Ministerpräsident, Ihre

M. Domitilla Veith OSB
Äbtissin von Frauenwörth

☆

Sehr geehrter Herr Ministerpräsident, zu dem plötzlichen, unerwarteten Tod Ihrer sehr verehrten und hochgeschätzten Frau Gemahlin bekunden Ihnen und Ihrer ganzen Familie die bayerischen Kriegsblinden mit ihren Angehörigen ihre aufrichtige Anteilnahme. Wir werden uns der Verstorbenen immer gerne in Dankbarkeit erinnern und ihr stets ein ehrendes Gedenken bewahren. Im Namen aller bayerischen Kriegsblinden

J. Lukas
Landesverbandsvorsitzender
Bund der Kriegsblinden
Deutschlands

☆

Consternés par terrible nouvelle sommes de tout cœur auprès de vous et des vôtres.

Jacques Chaban-Delmas

☆

Sehr verehrter Herr Dr. Strauß! Die Nachricht von dem schweren Schicksalsschlag, der Sie und Ihre Familie getroffen hat, haben mich und meine Frau tief erschüttert. Ich darf Ihnen, zugleich im Namen meiner Frau, unsere Anteilnahme aussprechen.

Wolfgang Mischnik

☆

Sehr geehrter Herr Ministerpräsident, voll tiefer Erschütterung, aber auch erfüllt von christlicher Hoffnung, versichern Ihnen und Ihren Angehörigen zum tragischen Unfalltod Ihrer allseits hochgeschätzten Gattin Direktorat und Kollegium des Maximiliansgymnasiums, an dem Sie beide das Abitur abgelegt haben, aufrichtige christliche Mittrauer.

Erb
Oberstudiendirektor

☆

Sehr geehrter Herr Ministerpräsident mit Familie! Wir, die Klasse 5a, nehmen Anteil am tragischen Tod Ihrer lieben Frau und Mutter und sprechen unser tief empfundenes Beileid aus.

Klasse 5a
Volksschule 8551 Kirchehrenbach

☆

Verehrter Herr Ministerpräsident! Mit Betroffenheit habe ich die Nachricht vom plötzlichen Tod Ihrer Gattin erhalten. Ich darf Ihnen und Ihren Angehörigen im Namen aller Soldaten mein tief empfundenes Beileid ausdrücken. Wir alle, die wir im öffentlichen Leben mit seinen Anforderungen stehen, wissen, was wir an unseren Frauen haben, wie wichtig ihr Verständnis für uns ist, welchen Anteil unserer Belastungen sie mittragen – und wie sie damit die Voraussetzung dafür schaffen, daß wir immer wieder die Kraft finden, unseren Aufgaben nachzukommen. Ich weiß, daß es in solchen Stunden wenig Trost gibt. Mögen Sie die Kraft und Stärke finden, die Sie neben Ihrem verantwortlichen Amt jetzt brauchen.

Wolfgang Altenburg
Generalinspekteur der Bundeswehr

☆

Sehr geehrter Herr Ministerpräsident! Im Namen von Altötting und im eigenen Namen darf ich Ihnen und Ihrer Familie zum Tod Ihrer Frau Gemahlin und Mutter meine tiefempfundene Anteilnahme aussprechen. Ich war vom so plötzlichen Tod Ihrer Gattin um so mehr betroffen, da ich sie erst noch vor kurzem in der Stiftspfarrkirche begrüßen konnte. Aus vielen Gesprächen weiß ich, wie sehr die Bevölkerung von Altötting mit Ihnen fühlt. Ich kann Ihnen deshalb versichern, daß viele für die Verstorbene beten. Möge Ihnen der Herrgott die Kraft geben, diesen schweren Schicksalsschlag zu ertragen.

Prälat Max Absmeier
Stiftspropst und Stadtpfarrer

☆

Sehr geehrter Herr Ministerpräsident, mit großer Betroffenheit haben meine Frau und ich die unfaßbare Nachricht vom tragischen Unfalltod Ihrer Gattin erfahren, die auch wir so sehr schätzten. Wir möchten Ihnen und Ihren Kindern unser tiefempfundenes Beileid zu diesem schmerzlichen Verlust aussprechen und hoffen, daß unser aufrichtiges Mitgefühl ein kleiner Trost für Sie in diesen schweren Tagen sein möge.

General Leopold Chalupa
Oberbefehlshaber der
Alliierten Streitkräfte Europa-Mitte

☆

Dear Mr. Minister President, it was with great sorrow that Mrs. Otis and I learned of the tragic accident that claimed the life of Mrs. Strauss. We both have known the pain that comes with the loss of a loved one. We also know that there is little anyone can say that will help you, but we want you to know that we care and that our prayers are with you during these difficult times. Please accept our heartfelt sympathy. Sincerely

Glenn K. Otis
General, U. S. Army
Commander in Chief

☆

Sehr verehrter Herr Ministerpräsident, mit großer Betroffenheit und Erschütterung hat unsere Kommission dieser unfaßbare Schicksalsschlag erfüllt, mit dem Ihre von uns so sehr geschätzte Gattin viel zu früh das Leben verlor. Konnten wir doch in den letzten Monaten und Wochen Ihre verehrte Gattin als engagierte Katholikin erleben, die uns alle mit ihrem Einsatz, ihrer Begeisterung und ihrem fest verwurzelten christlichen Glauben überzeugte und die das Programm unserer Themenhalle ganz wesentlich mitgestalten half. Wir können es nicht fassen, daß diese Frau, die so stark den Gedanken des „Ja zum Leben“ in Wort und Tat vertrat, nun selbst durch einen schrecklichen Unglücksfall nicht mehr unter den Lebenden weilt. Bitte haben Sie Verständnis, daß uns die richtigen Worte fehlen, um Ihnen das auszudrücken, was der Tod Ihrer Gattin für uns bedeutet, wohlwissend, daß die ganze Größe dieses Verlustes nur Sie allein und Ihre Kinder ermessen können. Erlauben Sie aber, Ihnen auch von unserer Seite unser aufrichtiges Mitgefühl auszusprechen.

Dr. Klaus Heidenreich
Vorsitzender der Kommission
„Wähle das Leben“
des 88. Deutschen Katholikentages

☆

Sehr geehrter Herr Ministerpräsident, lieber Herr Strauß, zum tragischen Tod Ihrer verehrten Frau Gemahlin möchte ich Ihnen mein herzliches Beileid und meine persönliche Anteilnahme aussprechen. Mit großer Erschütterung habe ich vom Tod und den furchtbaren Begleitumständen Kenntnis erhalten. In diesen Stunden der Trauer und des Schmerzes gibt es kaum einen Trost. Deshalb wünsche ich Ihnen heute nur das eine: Die Gewißheit unseres Glaubens, daß der Tod das Tor zum Leben ist. Er, der uns beim Namen gerufen hat vor aller Zeit, läßt uns nicht zuschanden werden. Im Gegenteil: so unbegreiflich uns dieses Geheimnis auch erscheint, im Tod schenkt Er uns das Leben. Mit dem Ausdruck meiner persönlichen Anteilnahme am tragischen Tod Ihrer Frau Gemahlin verbinde ich, lieber Herr Strauß, diesen Wunsch, inmitten aller Trauer Zuversicht zu finden, inmitten des Schmerzes die christliche Hoffnung, die gegen alle Hoffnung ist. In Anteilnahme und Verbundenheit bin ich Ihr

Christoph Böhr
Vorsitzender der Jungen Union
Deutschlands

☆

Hochverehrter Herr Ministerpräsident! Die allgemeine menschliche Bewegung, die der harte Tod Ihrer hochverehrten Frau Gemahlin bei allen ausgelöst hat, und die Erinnerung an ihre Studienjahre am Maxgymnasium, die das Bild eines guten und frohen Menschen bei mir für immer prägten, zwingen mich, Ihnen zu sagen, daß ich an Ihrem persönlichen Schicksal aufrichtig Anteil nehme und mit Ihnen um den Verlust unserer edlen, aktiven, klugen und jung-fröhlichen Landesmutter trauere. Gott schütze Sie!

Prof. Karl Bosl

☆

Die Mitglieder des British Council in München sprechen Herrn Ministerpräsidenten Dr. Strauß und seiner Familie ihre tiefempfundene Anteilnahme an dem tragischen Verlust aus, welcher Sie betroffen hat.

Dr. Malcom Cooper
Regional Director

☆

Sehr geehrter Herr Ministerpräsident, die Mitglieder der Vereinigung der Freunde der Christlich-Sozialen Union in Bonn sind tief betroffen über den schweren Verlust, den Sie durch den so tragischen Tod Ihrer Gattin erlitten haben. Wir möchten Sie unserer Anteilnahme versichern, Ihnen sagen, daß auch wir, die Bayern in Bonn, Ihre Gattin hoch geschätzt haben.

Gebhard Braun

☆

Erschüttert durch den Tod Ihrer Gattin, übermittle ich innigste Anteilnahme und versichere Fürbittgedenken.

Weihbischof Koska
Zagreb

☆

Hochgeschätzter Herr Präsident, die Nachricht über das tragische Ableben Ihrer Frau hat mich und uns alle, die sie kennen, tief erschüttert. Nehmen Sie bitte die Ausdrücke meines zutiefst empfundenen Mitleids entgegen. Mein Mitgefühl auch Ihrem Sohn Franz Georg und allen Angehörigen.

Dusan Alimpic
Präsident der Versammlung der
SFR Jugoslawien

☆

Sehr geehrter Herr Ministerpräsident, mit Betroffenheit und Trauer habe ich die Nachricht vom Tod Ihrer Gattin, Frau Marianne Strauß, durch einen tragischen Unglücksfall aufgenommen. Der Tod hat der unermüdlichen Sorge Ihrer Gattin um ihre Familie und ihren vielfältigen gesellschaftlichen Bemühungen unerwartet und zu früh ein Ende gesetzt. Ich darf Ihnen und Ihrer Familie persönlich und im Namen des Bayerischen Jugendrings das Beileid zu diesem schweren Verlust aussprechen. In Ihren schweren Stunden der Trauer mögen Sie Trost, Verständnis und neue Hoffnung finden.

Robert Sauter

☆

Sehr geehrter Herr Ministerpräsident, die Nachricht vom Tode Ihrer Frau hat mich sehr getroffen. Zu diesem schmerzlichen Verlust spreche ich Ihnen und Ihren Kindern mein Beileid aus. Das schreckliche Unglück hat Ihnen einen Teil Ihres Seins entrissen. Niemand kann wirklich ermessen, wie sehr Sie und Ihre Familie betroffen und von Schmerz erfüllt sind. Es mag Sie trösten, daß Ihre Frau hohes Ansehen genoß und viele Bürger mit Ihnen empfinden. Möge der Herr alles Gute, das Ihre Frau erwiesen hat, in reichem Maße vergelten.

Heinrich Franke
Präsident der Bundesanstalt
für Arbeit

☆

Sehr verehrter Herr Ministerpräsident! Habe mit Bestürzung vom Tod Ihrer Gattin erfahren. Spreche Ihnen in meinem Namen und im Namen der CSV tief empfundenes Beileid aus.

Jean Spautz
Präsident der Christlich-Sozialen
Volkspartei, Luxembourg

Beim Abschied von Marianne Strauß in angestammter Verbundenheit dabei – die Gebirgsschützen mit ihrer Rautenfahne, die das Bild der Patrona Bavariae, der Schutzfrau Bayerns, trägt.

Sehr geehrter Herr Ministerpräsident, erlauben Sie mir, daß ich Ihnen zum tragischen Ableben Ihrer Frau Gemahlin mein aufrichtiges Beileid ausspreche. Wenn auch nur Sie selbst wirklich ermessen können, welchen großen Verlust Sie erlitten haben, so mögen Sie doch gewiß sein, daß ich Ihre Trauer mitempfinde. Ihr

Dr. Norbert Steger
Vizekanzler der Republik
Österreich

☆

Sehr geehrter Herr Ministerpräsident, mit außerordentlicher Bestürzung und persönlich tief getroffen, habe ich am Samstag die Nachricht vom plötzlichen Tod Ihrer lieben Gattin vernommen. Ihnen, sehr geehrter Herr Ministerpräsident, und Ihren Kindern möchte ich im Namen des Vorstands und der Mitarbeiter der Nixdorf Computer AG mein tiefempfundenes Mitgefühl aussprechen für den Verlust, den Sie erlitten haben.

Heinz Nixdorf

☆

Sehr verehrter Herr Ministerpräsident, die schreckliche Nachricht von dem Unfalltod Ihrer Gattin hat auch meine Familie und mich sehr erschüttert. Wir glauben, ermessen zu können, welch schweren Verlust Sie erlitten haben. Ich erlaube mir daher, Ihnen und Ihren Angehörigen die Versicherung unserer aufrichtigen Anteilnahme auszudrücken.

Albert Koch
SPD-MdL

Lieber Herr Ministerpräsident Dr. Strauß! Liebe Familie Strauß! Tief erschüttert hat mich die Nachricht vom Heimgang Ihrer lieben Frau und Mutter, die so plötzlich von Ihrer Seite und aus Ihrer Mitte gerufen wurde. Mit Ihnen fühle ich mit dem gesamten Deutschen und Internationalen Kolpingwerk Ihren Schmerz und Ihre Trauer. Beides möchten wir mit Ihnen im Gebet tragen, weil wir uns mit Ihnen und mit Ihrer lieben Frau und Mutter verbunden fühlen.

Prälat Heinrich Festing
Generalpräses

☆

Lieber Herr Kollege Strauß, mit tiefer Erschütterung habe ich gestern abend nach meiner Rückkehr nach München von dem tragischen Unfall Ihrer Frau erfahren. Niemand kann sich wohl vorstellen, was dieser Verlust für Sie bedeutet. Ich habe Ihre Frau bei vielen Gelegenheiten kennen und schätzen gelernt und bin sicher, daß sie ein wirklicher Partner im Leben gewesen ist. Meine Frau und ich übermitteln Ihnen unser herzlichstes Beileid. In Mittrauer Ihr

Volkmar Gabert

☆

Sehr verehrter Herr Ministerpräsident, mit großer Betroffenheit hat der Caritasverband für die Erzdiözese Bamberg mit seinen zahlreichen Einrichtungen der Alten- und Behindertenhilfe am vergangenen Samstagmorgen die Nachricht vom Unfalltod Ihrer sehr verehrten Frau Gemahlin vernommen. Für die Bewohner unserer Altenhilfeeinrichtungen, die Ihre Frau Gemahlin anläßlich ihrer Besuchsfahrten in Altenheime und Sozialstationen kennenlernen durften, war es tröstlich, eine so verständnisvolle Frau an der Seite des Bayerischen Ministerpräsidenten zu wissen. Der so tragische Tod hat bei allen Bestürzung hervorgerufen. Wie für Ihre Familie so bleibt Frau Marianne Strauß auch für uns alle unvergessen. Wir werden ihrer in unseren Gebeten, insbesondere aber bei der Feier der heiligen Eucharistie vor Gott gedenken und möchten dadurch für ihr so mütterliches Wirken unseren bescheidenen Dank zum Ausdruck bringen.

Prälat Walter Schirmer
Diözesan-Caritasdirektor

☆

Sehr geehrter Herr Ministerpräsident, für den Diözesanrat der Katholiken im Erzbistum München-Freising darf ich Ihnen unsere tief empfundene Anteilnahme aussprechen. Ihre Frau war durch ihre offene, gläubige Haltung, durch ihr Eintreten für das ungeborene Leben, für die Familien und Alleinerziehenden, ungezählten Menschen Vorbild und Helferin. Wir danken dem Herrgott, daß sie unter uns gewesen ist. Wir erbitten Kraft für Sie in diesen schweren Stunden.

Hanna Stützle
Vorsitzende

☆

Sehr verehrter Herr Ministerpräsident! Der plötzliche, unerwartete und tragische Tod Ihrer Frau Gemahlin hat uns tief betroffen gemacht, zumal wir wissen, daß sie sich für die Sache der Behinderten bis zuletzt besonders eingesetzt hat. Seien Sie unserer Anteilnahme sicher.

Anneliese Huß
Direktorin
Bayerische Landesschule
für Körperbehinderte

☆

Sehr geehrter Herr Ministerpräsident Dr. Strauß, im Namen des Landesausschusses für das Müttergenesungswerk spreche ich Ihnen meine Teilnahme zum allzufrühen Heimgang Ihrer verehrten Gattin aus. Wir werden ihren beispielhaften Einsatz im sozial-karitativen Bereich, ihr Verständnis für Frauen und Mütter in Not nicht vergessen und in ihrem Sinne weiterarbeiten.

Elisabeth Schnell
Vorsitzende des
Landesausschusses

☆

Zu dem so plötzlichen und unerwarteten Tod Ihrer von uns allen verehrten und geschätzten Frau Gemahlin möchte die Niedersachsen-Union Ihnen und Ihren Kindern unser tiefempfundenes Beileid aussprechen, mit stillem Gruß Ihr

Wilfried Hasselmann

☆

Sehr verehrter Herr Ministerpräsident, mit großer Bestürzung habe ich die Nachricht von dem tragischen Unglück Ihrer Frau Gemahlin gehört. Im Namen des ZDF wie auch ganz persönlich übermittle ich Ihnen aufrichtiges Beileid. Sie haben einen so schmerzlichen Verlust erlitten, daß ich es für vermessen hielte, Ihnen Trost aussprechen zu wollen; ich möchte Ihnen nur sagen dürfen, daß ich Anteil nehme an Ihrer Trauer. Mögen Sie die Kraft und die Stärke finden, diese schwere Prüfung des Schicksals zu bestehen. Mit stillem Gruß Ihr sehr ergebener

Prof. Dieter Stolte
Intendant des ZDF

☆

Mit großer Betroffenheit haben wir von dem tragischen Todesfall in Ihrer Familie gehört und versichern Ihnen unsere tiefste Anteilnahme. Ihr

Dieter Thomas Heck und Frau Ragnhild

☆

Verehrter Herr Strauß! Zwar haben wir Ihre Gattin persönlich kaum gekannt, aber wir haben Ihre Ausstrahlung gefühlt. Ich möchte Ihnen sagen, wie sehr meine Frau und ich von ihrem Tod erschüttert waren. Möchte Ihnen Kraft zum Ertragen des unermeßlichen Verlustes zufließen. Ihr

Carl Friedrich von Weizsäcker

☆

Sehr geehrter Herr Ministerpräsident! Mit tiefer Betroffenheit haben wir hier in Scheyern vom tödlichen Unfall Ihrer Frau Gemahlin erfahren. Im Namen meiner Mitbürger spreche ich Ihnen unser aufrichtiges Beileid aus und versichere Ihnen unser Gebet. Möge Gott Ihre liebe Verstorbene an seinem ewigen Frieden teilnehmen lassen und Sie und Ihre Familie trösten in dieser so schmerzlichen Prüfung. Mögen Sie Kraft finden an Ihrem Glauben an die Auferstehung!

Bernardus M. Lambert OSB
Abt von Scheyern

☆

Unsere Gedanken sind mit tiefer Anteilnahme bei Ihnen und Ihrer Familie. Ihre

Agnes Fink, Bernhard Wicki

☆

Sehr verehrter Herr Strauß, zu dem schmerzlichen Verlust, der Sie und Ihre Familie getroffen hat, spreche ich Ihnen meine herzliche und tiefempfundene Anteilnahme aus. Als Außenstehender kann ich gewiß nicht ermessen, was der plötzliche Tod Ihrer Frau Gemahlin für Sie und die Ihren bedeutet. Ich wünsche Ihnen von Herzen die Kraft, dieses große Unglück zu tragen und zu ertragen. Ich habe das öffentliche Wirken Ihrer verehrten Frau Gemahlin aus der Ferne immer mit Respekt verfolgt. Ich weiß deshalb, daß auch unser Land einen schweren Verlust erlitten hat. Ihr sehr ergebener

Otto Graf Lambsdorff

☆

In Erinnerung an meine Begegnung mit Ihnen und Ihrer verehrten Frau Marianne, in Tschenstochau/Polen im Sommer 1983, spreche ich Ihnen, Herr Ministerpräsident, meine herzliche Anteilnahme am tragischen Tode Ihrer Frau aus. Ich habe die Nachricht gehört und diese Tragik sehr schmerzlich erlebt, da ich die Gespräche mit Ihnen und Ihrer werten Frau noch sehr im Gedächtnis habe. Damals war ich besonders von Ihrer Frau sehr beeindruckt. Unsere ganze Gemeinschaft, die Patres und Brüder, beten alle für Ihre Frau, auch für Sie und Ihre Familie, damit Sie die nötige Kraft und Gnade von oben bekommen, dieses Kreuz zu tragen. Nach Tschenstochau werde ich Nachricht geben und vom Unglück berichten und gleichzeitig bitten, daß die Patres vor dem Gnadenbild der Schwarzen Madonna beten. In Mittrauer im Namen der Mönche aus Polen

Pater Johannes Bocheniek

☆

Sehr geehrter Herr Ministerpräsident! Zum tragischen Tod Ihrer lieben Frau übermitteln wir Ihnen und Ihren Angehörigen unser herzliches Mitgefühl. Möge Ihnen unser Herrgott die Kraft geben, diesen schweren Schicksalsschlag geduldig zu ertragen. Mit aufrichtiger Anteilnahme

Mitarbeiter der
Güterabfertigung Bamberg

☆

Zu dem unfaßbaren Verlust Ihnen und Ihren Kindern unser herzliches Mitgefühl.

Helmut Zacharias und Familie

Sehr geehrter Herr Ministerpräsident, lieber Freund! Die Nachricht vom tragischen Unfall Deiner lieben Frau und treuen Weggefährtin hat mich zutiefst betroffen gemacht. Dir und den Deinen möchte ich mein tiefempfundenes Mitgefühl zu diesem schweren Verlust übermitteln. In aufrichtiger Anteilnahme Dein

Dr. Josef Krainer
Landeshauptmann von
Steiermark

☆

Magno notu de morte uxoris matrisque vestrae comperimus. Dissentiamus certe in eo, quod ad rem publicam administrandam pertinet; sed in luctu ac dolore alterius omnes controversiae conticescant necesse est. Controversiae publicae enim inanes, immo temerariae essent, si hoc oblivisceremur: In re publica gerenda omnia consilia et facta ad res humanas referenda sunt. Negotia publica ab hominibus et pro hominibus geruntur, quibus cuncti casus, qui accidere possunt, accipiendi, suscipiendi, ferendi sunt. Quanti enim esset id, quod Graece politiké vocatur, si miseria vestra nos non ad misericordiam evocaret? Dolorem vestrum similiter ac vos sentimus. Atque hac in re consentimus. Reverentiae erga uxorem matremque inserviens.

M. Hofmann
1. Vorsitzender
des SPD-Ortsvereins
Bad Königshofen

☆

Zu dem so harten Schicksalsschlag, der Ihnen und Ihrer Familie widerfahren ist, dürfen meine Frau und ich unser tiefempfundenes Beileid zum Ausdruck bringen. Ihr

Wolfgang Wagner
Bayreuth

☆

Hochverehrter Herr Ministerpräsident! Mit tiefer Bestürzung habe ich die Nachricht vom tragischen Unfall Ihrer allseits sehr geschätzten Frau Gemahlin aufgenommen. Ein unerklärliches Schicksal hat Sie der aufopferungsvollen Ehefrau und fürsorglichen Mutter beraubt. Zu diesem großen Verlust, von dem Sie und Ihre Familie betroffen wurden, möchte ich Ihnen persönlich mein tiefes Mitgefühl und namens der Stadt Nürnberg und ihrer Bürger das herzlichste Beileid aussprechen.

Dr. Andreas Urschlechter
Oberbürgermeister

☆

Ihnen, hochverehrter Herr Ministerpräsident, und Ihrer Familie zu diesem tragischen Verlust mein tiefstes Beileid. Da ich kürzlich auch meine Frau verlor, empfinde ich Ihre Trauer um so herber mit. Ihr

Eugen Jochum

☆

Sehr geehrter Herr Ministerpräsident! Der tragische Unglücksfall, durch den Ihre Frau Marianne so plötzlich ums Leben gekommen ist, hat in der Bevölkerung meiner Heimat und in besonderer Weise auch bei mir selbst tiefe Betroffenheit ausgelöst. Ich erlaube mir, Ihnen und Ihren Kindern in diesen ersten Tagen Ihrer großen Trauer meine persönliche Anteilnahme zu versichern. Gerne werde ich in meinem Gebetsdenken vor dem Herrn über Leben und Tod die Vollendung ihres Erdenweges in der Herrlichkeit des ewigen Lebens erbitten.

Franz Schwarzenböck
Weihbischof

☆

Sehr geehrter Herr Ministerpräsident Dr. Strauß, zum Heimgang Ihrer verehrten Gattin übermittle ich Ihnen ein aufrichtiges Wort der Anteilnahme. In den letzten beiden Jahren war es mir vergönnt, mit der Verstorbenen bei der Vorbereitung des Münchner Katholikentages enger zusammenzuarbeiten. Ich habe die Klarheit und die Entschiedenheit zu schätzen gelernt, die sie in allen Fragen auszeichnete, die das Verhältnis zwischen Kirche, Gesellschaft und Staat bestimmen. Ihr plötzlicher Tod hat mich zutiefst erschüttert. Ihre verehrte Gattin wird mir immer Vorbild und Mahnung bleiben, mich für junge Menschen und für die Familien einzusetzen. In der Verbundenheit des Gebetes grüßt Sie mit herzlichem Beileid Ihr sehr ergebener

Dr. Friedrich Kronenberg, MdB
Generalsekretär des Zentralkomitees
der Deutschen Katholiken

☆

Sehr geehrter Herr Ministerpräsident, lieber Freund Franz Josef Strauß! Zum plötzlichen Tod Ihrer verehrten Gattin möchte ich Ihnen meine herzliche Anteilnahme übermitteln. Möge Gottes Güte Ihnen und Ihren Kindern in den schweren Stunden des Abschiednehmens reichen Trost schenken! Ich möchte Ihnen gern sagen, meine Familie und ich haben in diesen für Sie so schweren Tagen sehr oft an Sie gedacht und auch für Sie und Ihre Familie gebetet. Ich meine, in dieser Stunde darf mit großer Dankbarkeit an alles das gedacht werden, was Ihre verehrte Gattin an Positivem in ihrem Leben für ihre Familie und für viele Mitmenschen ausgerichtet hat. Ich möchte Ihnen jedenfalls versichern, daß ich mit Respekt und aufrichtiger Dankbarkeit daran denke. Sie hat mit ihrem Tun in vielen Bereichen Maßstäbe gesetzt, an denen sich viele orientieren können.

Dr. Horst Waffenschmidt
Parl. Staatssekretär, MdB

☆

Sehr geehrter Herr Ministerpräsident, wir sind Ihnen in Sympathie und Trauer sehr verbunden.

Heinz Ruhnau
Vorstand der
Deutschen Lufthansa

☆

Sehr geehrter Herr Ministerpräsident, hochgeschätzter Kollege Dr. Strauß! Mit großer Bestürzung habe ich vom tragischen Unfall Ihrer lieben Gattin Kenntnis nehmen müssen. Ganz persönlich aber auch im Namen der südbayerischen Sozialdemokraten, spreche ich Ihnen unser tiefempfundenes Mitleid aus. Worte vermögen keinen Trost zu spenden, sie können nur ein Zeichen der Anteilnahme sein. In diesen für Sie traurigen Tagen fühle ich mich menschlich Ihnen tief verbunden.

Dr. Jürgen Böddrich

☆

Sehr geehrter Herr Ministerpräsident, nach der kurzen Begegnung am Bogenberg am Pfingstfest wende ich mich nun persönlich und im Namen der Mitbrüder an Sie, um Ihnen unsere aufrichtige Anteilnahme auszusprechen zu dem plötzlichen Heimgang Ihrer verehrten Frau Gemahlin. Das Kreuz und der Tod sind unbegreiflich und unabwendbar in Ihr Leben und in Ihre Familie hereingebrochen. Gott selbst gebe Ihnen Kraft und Stärke in diesen schweren Tagen. Ihre Gattin aber nehme Er auf in sein Reich der Vollendung und der Liebe. Im Gebet wollen wir für die Verstorbene um Fürsprache bitten. In herzlicher Verbundenheit

P. Thomas, Prior
Prämonstratenserabtei Windberg

☆

Sehr geehrter Herr Ministerpräsident, voller Trauer und Bestürzung habe ich die Nachricht vom plötzlichen Tod Ihrer Gattin vernommen. Es ist mir ein großes Anliegen, Ihnen, Herr Ministerpräsident, zu diesem schmerzlichen Verlust, der Sie getroffen hat, mein tief empfundenes Mitgefühl auszusprechen. Es fällt einem schwer, Worte des Trostes zu finden, denn es gibt sie gewiß nicht. Trotzdem möge es für Sie tröstend sein zu wissen, daß ich mit Ihnen fühle, wie schmerzlich es ist, einen lieben Menschen verloren zu haben. Ihre verehrte Gattin hat sich in den vielen Jahren an Ihrer Seite, insbesondere aber durch ihr großes Engagement für die sozial Benachteiligten, die Hochachtung und Wertschätzung der Menschen über die bayerischen Landesgrenzen hinaus erworben. Als warmherzige und fürsorgliche Landesmutter wird sie uns immer ein Vorbild bleiben, und wir werden ihrer stets in Dankbarkeit gedenken.

Kurt Golda
Vorsitzender des
Gesamtbetriebsrats BMW

☆

Sehr geehrter Herr Ministerpräsident! Die Nachricht vom tragischen Tod Ihrer verehrten Frau Gemahlin hat mich tief erschüttert. Zu dem schmerzlichen Verlust, der Sie getroffen hat, spreche ich Ihnen und Ihrer Familie auch im Namen des Volksbundes Deutsche Kriegsgräberfürsorge mein tiefempfundenes Beileid aus. Marianne Strauß wird durch ihre eindrucksvolle Persönlichkeit und ihr Wirken auf vielen Gebieten des öffentlichen Lebens auch über die Grenzen ihres Heimatlandes Bayern hinaus in Erinnerung bleiben.

Eduard Hasskamp
Präsident des Volksbundes
Deutsche Kriegsgräberfürsorge e. V.

☆

Sehr geehrter Herr Dr. Strauß, soeben von einem Auslandsaufenthalt zurückgekehrt, habe ich von dem schrecklichen Tod Ihrer Gattin erfahren. Ich möchte Ihnen auf diesem Wege meine Anteilnahme an dem für Sie so schmerzlichen Verlust ausdrücken und Ihnen für die fol-

Die tiefe Anteilnahme beim Tod von Marianne Strauß als Spiegelbild eines Lebens, das von tätiger Sorge und Hilfe für den Mitmenschen geprägt war.

genden Wochen und Monate wünschen, daß Sie den menschlichen Beistand erfahren mögen, der Ihnen ein wenig helfen kann.

Antje Vollmer, MdB
Fraktionssprecherin der Grünen

☆

Sehr geehrter Herr Ministerpräsident Dr. Strauß, der Tod Ihrer verehrten Frau Gemahlin bewegt uns sehr. Sie hat durch ihre karitativen Tätigkeiten so vielen Menschen geholfen. Wir möchten uns einreihen in den Kreis der Trauernden und Ihnen und Ihrer Familie unser herzliches Beileid aussprechen.

Dr. Liselotte Andres
Bayerische Krebsgesellschaft e. V.

☆

Sind zutiefst bestürzt über den schmerzlichen Verlust Ihrer Frau und senden Ihnen von Herzen unser Mitgefühl.

Eliette und Herbert von Karajan

☆

My deepest sympathy to you and all the family.

John J. McCloy

☆

Sehr verehrter Herr Ministerpräsident, tief erschüttert nehme ich Anteil an dem unersetzlichen Verlust. Möge der Herrgott Ihnen und Ihrer Familie seinen Trost schenken. In aufrichtiger Verbundenheit

Hermann Gmeiner

☆

Sehr verehrter Herr Ministerpräsident und Familienangehörige, tief erschüttert hörten wir vom tragischen Unfalltod Ihrer sehr verehrten Frau Gemahlin. Persönlich, namens des Caritasverbandes für die Diözese Augsburg und namens der Arbeitsgemeinschaft der öffentlichen und freien Wohlfahrtpflege in Schwaben möchte ich Ihnen und Ihrer Familie tief empfundene Teilnahme zum Ausdruck bringen. Frau Strauß hat auf vielerlei Weise und bei vielen Begegnungen ihre fraulich-mütterliche Haltung, ihre gläubige Überzeugung und ihr sozial-karitatives Herz bekundet und damit das Vertrauen und die Zuneigung vieler Hilfebedürftiger erfahren dürfen. Wir werden ihrer in Dankbarkeit im Gebet und beim heiligen Opfer gedenken. In aufrichtiger stiller Anteilnahme

Prälat Hermann Lutz
Caritasdirektor

☆

Sehr geehrter Herr Ministerpräsident! Mit großer Bestürzung haben wir die Nachricht vom tragischen Tod Ihrer verehrten Frau Gemahlin erhalten. Die bayerischen Gymnasialeltern haben eine eifrige, engagierte und warmherzige Mitstreiterin verloren, welche über viele Jahre hinweg selbst als Elternbeiratsmitglied unser Bemühen unterstützt und gefördert hat. Der gesamte Vorstand der Landeselternvereinigung, ebenso wie alle unsere Mitglieder nehmen teil an Ihrer Trauer und übermitteln Ihnen, Ihren Kindern und Schwiegerkindern unser tiefempfundenes Beileid.

Dr. Peter Th. Miller
Vorsitzender

☆

Zum schweren Schicksal, das Sie und Ihre Familie heimgesucht hat, bekunden wir tief betroffen unsere Anteilnahme.

Familie Stefan Gaisreiter
auch im Namen des Sportvereins Ohlstadt

☆

Sehr geehrter Herr Ministerpräsident, tief erschüttert hat uns die Nachricht vom Tode Ihrer lieben Frau. Möge der Herrgott Ihnen die Kraft geben, dieses Leid zu tragen. Wir fühlen uns in Ihrer Trauer mit Ihnen verbunden.

Toni Danner
Verein der Bayern in Hamburg e. V.

☆

Sehr geehrter Herr Strauß, der Tod Ihrer Frau hat Erschrecken und Trauer bei uns ausgelöst. Wir sprechen Ihnen und Ihren Kindern unsere herzliche Anteilnahme aus. Möge Gott Ihnen die Kraft geben, den Verlust zu tragen, in unser Gebet sind Sie aufgenommen. Ihre Frau hat sich jahrelang für die Alleinerziehenden eingesetzt, sie hat sich persönlich einzelner angenommen, hat ihnen geschrieben und immer wieder nachgefragt, oft eine Lösung aus einer Notlage erreicht. Nachdem die Nachricht durch den

Rundfunk kam, rief mich eine Mutter ganz bestürzt und tieftraurig an und sagte: Nun stehen wir wieder alleine da, unsere Fürsprecherin lebt nicht mehr. Dankbar denken wir an Ihre Gattin, möge Gott ihr alles vergelten, was sie an den vielen Menschen Gutes getan hat.

Gertrud Peuschel
Referentin für Alleinerziehende
Erzbischöfliches Ordinariat München

☆

Sehr geehrter Herr Dr. Strauß, zu dem schweren Verlust, der Sie durch den plötzlichen Tod Ihrer Gattin getroffen hat, möchte ich Ihnen meine aufrichtige Teilnahme aussprechen.

Berthold Keller
Vorsitzender der Gewerkschaft
Textil-Bekleidung

☆

Sehr geehrter Herr Ministerpräsident, mit tiefer Erschütterung habe ich vom tragischen Tod Ihrer Gattin erfahren. Ich habe Ihre Gattin bei den wenigen persönlichen Begegnungen als eine zupackende aber auch sehr fürsorgliche Frau kennen- und schätzengelernt. Zu dem schweren Verlust spreche ich Ihnen und Ihren Kindern mein herzliches Beileid aus. Möge Ihnen und Ihrer Familie in diesen Tagen Kraft und Trost beschieden sein.

Dr. Dorothee Wilms
Bundesminister für
Bildung und Wissenschaft

Zu diesem großen Schicksalsschlag möchten wir Ihnen unsere herzlichste Anteilnahme übermitteln. Ihre

Familie Sepp Greger

☆

Mit Bestürzung hat die Bündner Regierung vom plötzlichen Hinschied Ihrer verehrten Gattin Kenntnis genommen. Gestatten Sie, daß wir Ihnen unser aufrichtiges Beileid aussprechen. Wir wissen, daß die Verstorbene Ihren Einsatz für die öffentlichen Belange aktiv unterstützt und selber eine segensreiche karitative und kulturelle Tätigkeit entwickelt hat. Der Verlust, den Sie persönlich, Ihre Familie und die bayerische Öffentlichkeit erlitten haben, wiegt deshalb schwer. Möge der Allmächtige Ihnen in diesen Tagen und den kommenden Tagen der Trauer Trost und Kraft spenden. Genehmigen Sie, sehr geehrter Herr Ministerpräsident, sehr geehrte Trauerfamilie, den Ausdruck unserer vorzüglichen Hochachtung.

Die Regierung des Kantons Graubünden

☆

Sehr geehrter Herr Ministerpräsident! Mit großer Bestürzung haben wir die schreckliche Nachricht vom Hinscheiden Ihrer verehrten Gattin vernommen. An Ihrem schweren Leid nehmen wir mitfühlend Anteil. Empfangen Sie, sehr geehrter Herr Ministerpräsident, mit unserem Beileid die Versicherung unserer ausgezeichneten Hochachtung.

Der Landammann von St. Gallen

Exzellenz, sehr geehrter Herr Ministerpräsident! Mit großer Trauer und tiefer Bestürzung haben die Botschafter der ASEAN-Staaten in Bonn von dem tragischen Hinscheiden Ihrer verehrten Frau Gemahlin Kenntnis genommen. Als Vorsitzender des ASEAN-Komitees spreche ich Ihnen auch im Namen aller meiner Kollegen unser tiefempfundenes Beileid aus. Möge Gott Ihnen und Ihrer Familie die Kraft geben, die kommenden schweren Wochen der Trauer zu überwinden.

Ashadi Tjahjadi
Indonesischer Botschafter

☆

Die Landsmannschaft der Donauschwaben trauert um eine großherzige Frau. Wir trauern um unsere Landesmutter.

Franz Blantz
Landesvorsitzender

☆

Tief erschüttert vom tragischen Ableben Ihrer verehrten Gattin sprechen wir Ihnen unser tiefempfundenes Beileid aus. Wir werden Frau Marianne Strauß stets ein ehrendes Andenken bewahren.

Rosel Lessner
Jüdischer Frauenbund
in Deutschland

☆

Exzellenz! Mit großer Bestürzung hat man auch in Liechtenstein vom tragischen und schmerzlichen Schicksalsschlag erfahren, von dem Sie und Ihre Familie in schwerster Weise betroffen worden sind. Ich möchte Ihnen auf diesem Wege im Namen der Fürstlichen Regierung und in meinem persönlichen Namen unser aufrichtiges und tief empfundenes Beileid aussprechen.

Hans Brunhart
Fürstlicher Regierungschef

☆

Sehr verehrter Herr Präsident! Persönlich und im Namen des Österreichischen Bundesrates möchte ich Ihnen das aufrichtige Beileid zu dem schweren Verlust des so tragischen Heimganges Ihrer gottseligen Frau Gemahlin aussprechen. Auch wir fühlen mit Ihnen. In Mittrauer

Josef Knoll
Vorsitzender des
Österreichischen Bundesrates

☆

Von der Nachricht über das tragische Ableben Ihrer Gattin Frau Marianne schwer betroffen, bitte ich Sie und Ihre werte Familie, mein aufrichtiges Beileid entgegenzunehmen. Es ist mein inniger Wunsch, daß Sie diesen unersetzlichen Verlust mutig ertragen.

Ante Markovic
Präsident des Exekutivausschusses
der Versammlung der
Sozialistischen Republik
Kroatien

Sehr geehrter Herr Ministerpräsident! Mit großer Bestürzung und Betroffenheit habe ich die Nachricht vom unerwarteten Tod Ihrer Gattin erhalten. Im Namen des Landtags von Baden-Württemberg und in meinem eigenen spreche ich Ihnen und Ihrer Familie meine herzliche Anteilnahme aus.

Erich Schneider
Landtagspräsident

☆

Sehr geehrter Herr Ministerpräsident! Lieber Freund! Mit großer Erschütterung haben meine Frau und ich von dem plötzlichen Tod Deiner lieben Frau erfahren. Wie alle Deine Freunde bitten auch wir, unser aufrichtiges Beileid entgegenzunehmen, wenngleich wir wissen, daß es in einer solchen Situation für Dich und Deine Familie keinen wirklichen Trost geben kann. Wer selbst verheiratet ist, weiß, daß der Verlust des Lebensgefährten ein unersetzlicher ist und eine Lücke reißt, die nie mehr geschlossen werden kann. Du sollst aber wissen, wie sehr uns der Tod Deiner lieben Frau bedrückt, die wir persönlich als eine ungemein charmante Frau kennengelernt haben. Was bleibt, ist die Erinnerung. Auch meine Frau und ich werden uns immer gerne Deiner lieben Frau erinnern und ihr ein ehrendes Andenken bewahren.

Dr. Fritz Bock
Österreichischer Vizekanzler a. D.

☆

Sehr geehrter Herr Ministerpräsident! Der Tod Ihrer Frau hat mich wie viele Mitbürger unseres Landes mit Bestürzung und Trauer erfüllt. Ich möchte Ihnen als Präsident des Landtags Nordrhein-Westfalen aber auch ganz persönlich meine tiefempfundene Anteilnahme ausdrücken und hoffe, daß diese sicherlich schwersten Stunden in Ihrem Leben durch die Gewißheit gemildert werden, daß Ihre Frau in weitesten Bevölkerungskreisen Ihres wie unseres Landes über den Tod hinaus hohes Ansehen und Verehrung genießt. Wir werden ihr ein ehrendes Gedächtnis bewahren. Wir trauern mit Ihnen und Ihrer Familie. Ihr

John van Nes Ziegler
Präsident des Landtages
Nordrhein-Westfalen

☆

Sehr geehrter Herr Ministerpräsident! Tief erschüttert habe ich die Nachricht vom plötzlichen Ableben Ihrer verehrten Gattin vernommen. (In Oberammergau konnten wir uns noch persönlich begegnen.) Ich möchte Ihnen für das unsagbare Leid, das Sie mit Ihren Kindern durchtragen müssen, meine tiefe Anteilnahme versichern. Ihre Gattin hinterläßt für Ihre Familie und für die bayerische Bevölkerung eine große Lücke. Der Herr möge Ihnen den Trost schenken, den ein menschlicher Mund nicht zusprechen kann.

Manfred Müller
Bischof von Regensburg

☆

Hochverehrter Herr Ministerpräsident! Im Namen der Siebenbürger Sachsen in Bayern spreche ich Ihnen unser herzliches Mitgefühl und unsere tiefe Betroffenheit zum Tode Ihrer verehrten Gattin aus. Wir wünschen Ihnen Kraft und Gottes Hilfe zur Überwindung dieses harten Schicksalsschlages – zum Wohle Bayerns und seiner Menschen.

Dr. Wonnerth
Vorsitzender der Landsmannschaft
Siebenbürger Sachsen in Bayern

☆

Hochverehrter Herr Ministerpräsident, wir betrauern den Tod Ihrer verehrten lieben Frau, die vielen unserer MS-Patienten und Heimbewohnern ihre Hilfe gab und sprechen Ihnen und Ihrer Familie unsere aufrichtige Teilnahme aus. Ihre

Karolina Doblinger
Ev. Altenpflegeheim Ebenhausen

☆

Sehr geehrter Herr Ministerpräsident, zum Tod Ihrer Frau darf ich Ihnen – persönlich wie im Namen der Ingolstädter SPD – unsere aufrichtige Anteilnahme aussprechen.

Dr. Franz Götz, MdL

☆

Sehr verehrter Herr Ministerpräsident! Die Nachricht vom plötzlichen Tod Ihrer verehrten Gattin Frau Marianne Strauß hat uns mit tiefer Betroffenheit erfüllt. Durch ihr rückhaltloses Engagement gerade im sozialen und karitativen Bereich war sie auch für uns immer wieder Vorbild und Zeichen der Hoffnung. Wir fühlen

In der Familiengruft, an der Seite ihres Vaters, fand Marianne Strauß in Rott am Inn ihre letzte irdische Ruhestätte.

uns Ihnen und Ihrer Familie verbunden in tiefer Trauer über den schweren Verlust, aber auch in der christlichen Hoffnung, daß auch das uns Unverständliche seinen letzten Sinn haben muß. Schließlich dürfen wir Ihnen auch unsere gläubige Verbundenheit im Gebet bekunden.

Schw. Volkmara Schrötz
Generaloberin
P. Simpert Kienle, OFMCap
1. Vorsitzender
Krankenfürsorge des Dritten Ordens
in Bayern e. V.
Krankenhausstiftung
des Dritten Ordens in Bayern

☆

Sehr verehrter Herr Ministerpräsident, lieber Herr Strauß, wie so viele, bin auch ich sehr betroffen und erschüttert von dem tragischen Unglück, das Sie und Ihre Familie getroffen hat. Sie sollen wissen, daß ich sehr herzlich Anteil nehme an Ihrem Leid. Auch im Namen der Max-Planck-Gesellschaft spreche ich Ihnen und Ihren Kindern herzlich mein Beileid aus.

Prof. Reimar Lüst

☆

Lieber Franz Josef! Ich erlaube mir, in meinem und im Namen des ORF Dir und Deiner lieben Familie unser herzliches Beileid zu dem unsäglichen Unglück, das Euch getroffen hat, auszudrücken. Trost gibt nur der Glaube, aber in diesen Tagen mußt Du spüren, wie groß die Anteilnahme an Eurem Schicksal und die Zuneigung zur Familie Strauß sind. In Verbundenheit Dein

Gerd Bacher

Sehr verehrter Herr Ministerpräsident! Die Nachricht vom Tod Ihrer verehrten Frau Gemahlin hat mich tief erschüttert. Wie unser bayerisches Volk herzlich mit ihr verbunden war, so denke auch ich persönlich gerne an jede Begegnung mit Frau Marianne Strauß, die nun so unerwartet von uns gegangen ist. Ihnen, verehrter Herr Ministerpräsident, und Ihrer Familie, besonders Ihrem Sohn, der zur Zeit bei der Bundeswehr seinen Dienst leistet, spreche ich von Herzen mein Beileid aus. In aufrichtiger Anteilnahme Ihr sehr ergebener

Dr. Elmar Maria Kredel
Erzbischof von Bamberg

†

Zum Gedenken
im Gebete an Frau

Marianne Strauß
geb. Zwicknagl

* 21. 4. 1930 † 22. 6. 1984

Wie sie gelebt – hoffend, weil glaubend,
glaubend, weil liebend – so verließ sie die Welt,
aber nicht uns, die ihr in dankbarer Treue
und Liebe verbunden bleiben.

(Aus altchristlicher Literatur)

Auf dem Sterbebild die Madonna, die Marianne Strauß durch ihr von tiefer christlicher Gläubigkeit geprägtes Leben begleitet hat

Die Anforderungen eines politischen Lebens

Im Jahre 1976 veröffentlichte die Tageszeitung „Die Welt“ eine Serie über die Frauen prominenter Politiker. Am 25. September schrieb Birgit Lahann über Marianne Strauß.

Der Fahrstuhl fährt nur bis zum 13. Stock, der Weg zum 14. ist versperrt. Ein Wachtposten öffnet die Gittertür, verschließt sie wieder, wacht weiter, mit Ablösung rund um die Uhr.

Die Haushälterin, die schon seit siebzehn Jahren im Hause Strauß für Ordnung sorgt, deutet mit bajuwarischer Liebenswürdigkeit ein paar Minuten Verzögerung an, man sei eben erst von einer Reise zurückgekommen, Frau Strauß würde aber gewiß gleich soweit sein, ich solle es mir derweil im Wohnzimmer bequem machen. Tee oder Kaffee? Und schwupps, weg ist sie.

Nein, groß ist der Raum nicht, auch nicht repräsentativ, eher winkelig gemütlich. Holzschränke, grauer Veloursboden, Brücken, ein klassischer Vogelbauer, alte Kommoden, schwere Silberleuchter, schwebende Putten an den Wänden, Stiche, handgestrickte Tischdekken – geschmackvolle Requisiten, die hier in der Straußschen Stadtwohnung, gar nicht pompös, sondern eher sparsam bis spartanisch eingesetzt sind.

Dann eilt Marianne Strauß quer durchs Zimmer, als wollte sie die kleine Verspätung wieder einholen. „Sie haben hoffentlich schon Ihren Tee?“ Sie ist wirklich größer, als man vermutet und fabelhaft locker in ihren Bewegungen, ist urlaubsbraun und ungeschminkt, kein Puder, kein Lippenstift, nur die hübschen Hände mit zwei kostbar-schlichten Platin-Diamant-Ringen sind rosé gelackt. Sie hat das selbstverständliche Großzügige eines Menschen, der sich unbelastet fühlt, frei, seiner selbst sehr sicher, egal, ob zu Haus oder in der Öffentlichkeit.

Interviews? Ja, die gibt man halt, weil die Leute ein Recht darauf haben, informiert zu werden. Aber sie sind kein Vergnügen, sie sind eher eine Art Pflichtübung, wenn auch notwendig „wie das morgendliche Frühstück“.

Marianne Zwicknagl – wacher Blick von Kindesbeinen an

Diese Selbstverständlichkeit irritiert. Dabei ist sie seit fast zwanzig Jahren mit einem Mann verheiratet, dessen Temperament immer wieder für politischen Zündstoff sorgte.

Das fing 1962, fünf Jahre nach ihrer Hochzeit, mit der „Spiegel-Affäre“ an, mit dem Ausscheiden aus der Regierung, dem Auszug vom Venusberg, das ging vier Jahre später weiter, als ihr Mann wieder im Kabinett war, als ihm neben Sympathien auch ein gerüttelt Maß an Feindseligkeit entgegenschlug – bis heute.

Er stand immer in Schußlinie. Sie hat sich daran gewöhnt, gewöhnt an die Angriffe in Zeitungen, Funk und Fernsehen, gewöhnt an Drohbriefe und Anrufe. Man hat Marianne Strauß in „schweren Zeiten“ immer wieder Besonnenheit attestiert, Klugheit und Intelligenz, hat über sie geschrieben und gesagt, sie verhielte sich wie ein vernünftiger Mensch bei Gewitter. Das klang nicht selten betulich, und manch einer mochte denken: „Ach, die Arme.“ Aber das ist falsch. Marianne Strauß verhält sich so, weil sie klug ist und nicht, weil sie erkennt, daß eine Situation kluges Verhalten erfordert.

Sie hat zu all dem Ärger, dem Pressewirbel und der Kritik vor Jahren einmal gesagt: „Das ist wie mit dem Lärm. Man hört ihn gar nicht mehr. Aber nach einer gewissen Zeit wird man krank davon.“

Es ist überflüssig, zu fragen, ob sie schon krank geworden ist. Sie ist es nicht, obgleich die Erinnerungen so rosig nun eben nicht sind. Es war, rein äußerlich, auch deswegen schwierig, sagt sie, weil ihr Mann zeitweise so angefeindet wurde, daß es praktisch unmöglich war, zusammen in ein Gasthaus zu gehen oder ins Kino.

Und die unmittelbare Bonner Umgebung,

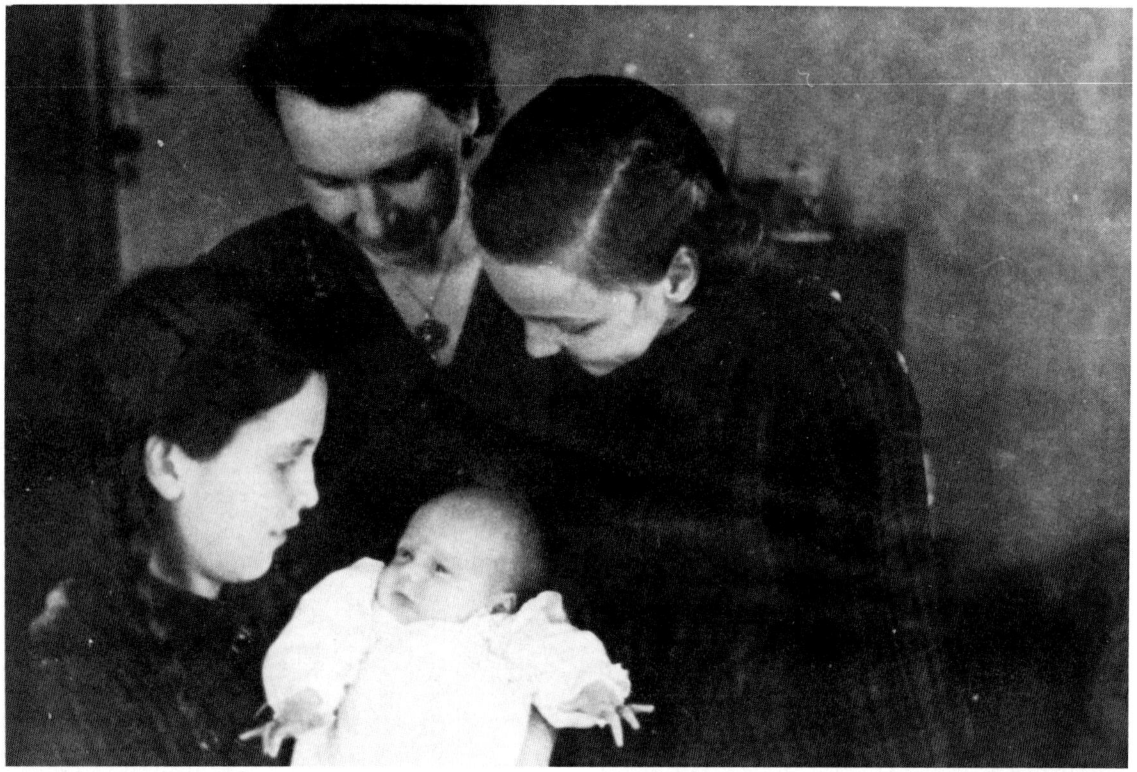

Mutter Ilse Zwicknagl mit ihren Töchtern Marianne (rechts), Brigitte und der kleinen Renate, genannt „Schnecki"

wie hat sie sich damals nach dem Rücktritt von Strauß als Verteidigungsminister verhalten? „Gut. Da kann man wirklich nichts sagen, da kann ich nicht im leisesten klagen." Und das übrige offizielle Bonn? „Das war unangenehmer. Aber das war auch vorher schon nicht angenehm", sagt sie und fügt fast belustigt hinzu: „Mein Gott, die gingen dann halt auf die andere Straßenseite."

Während sie so gelassen ins Sofa gelehnt dasitzt und spricht, bekommt ihre rauhe Stimme Straußsche Überzeugungskraft. Sie formuliert schnell, präzis und mit derselben Diktion wie ihr Mann, sie läßt das bayerische „und" genauso frei zwischen zwei Sätzen schweben wie er, timed die Pausen wie er, wählt und betont die Wörter exakt wie er.

Das unterstreicht freilich nur eine Übereinstimmung im Grundsätzlichen, es nimmt ihr nichts von ihrer Individualität, ihrer Unabhängigkeit, ihrer Eigenständigkeit. Schließlich umgibt sie Politik nicht erst, seit sie die Frau von Franz Josef Strauß ist, Politik umgab sie bereits in Rott am Inn, also seit ihrer Kindheit – Politik und Anfeindung:

„Mein Vater war ein bekannter Anti-Nazi und wurde deshalb verfolgt. 1937 steckte man ihm die Brauerei und den Gutshof in Brand. Nach dem Krieg war er dann Landtagsabgeordneter und hatte heftige Auseinandersetzungen mit der Bayernpartei. Ich selbst hab' 1946 schon im Landtag gesessen, mich hat dann nachts immer einer heimkutschiert. Damals war der Landtag noch im Brunnenhof und in der Aula der Universität. – Also, das kenn' ich alles von Anfang an. Insofern war das später nix anderes als ein Schreibtischwechsel."

Dieser Schreibtischwechsel fand am 4. Juni 1957 statt, als Fräulein Zwicknagl einen der begehrtesten Bonner Junggesellen, den Verteidigungsminister Strauß, heiratete. Sie kannten sich damals schon eine Ewigkeit – richtig allerdings erst kurze Zeit. Und das kam so:

Als Marianne Zwicknagl vierzehn Jahre alt war, besuchte der stellvertretende Landrat von Schongau, Franz Josef Strauß, 29, zum ersten Mal die klösterliche Brauerei in Rott am Inn, allerdings nicht, um sie zu sehen, sondern Dr. Max Zwicknagl, Mariannes Vater, ein Gründungsmitglied der CSU. Vater und Schwiegersohn in spe sahen sich häufiger, Tochter und künftiger Gatte nahmen kaum Notiz voneinander. „Außer ‚Grüß Gott' und ‚Auf Wiedersehen' haben wir nix miteinander geredet."

Das änderte sich erst 1957 im Münchener Fasching. Auf dem Ball „Traumkulisse" trafen sie sich wieder. Ein halbes Jahr später wurde geheiratet.

Beide hatten inzwischen Karriere gemacht. Der eine in Bonn als Verteidigungsminister im Kabinett Adenauer, der andere in Cambridge und Paris als Dolmetscherin mit Diplom, in München als examinierte Volkswirtin, im Elternhaus als Geschäftsführerin der Brauerei. Und irgendwann wollte sie dann in eine internationale Behörde nach Brüssel gehen.

Daß es dazu nicht mehr kam, hat sie weiter nicht gestört, denn es war, wie sie sagt, „nie eine

Die Schwestern Marianne (rechts) und Brigitte

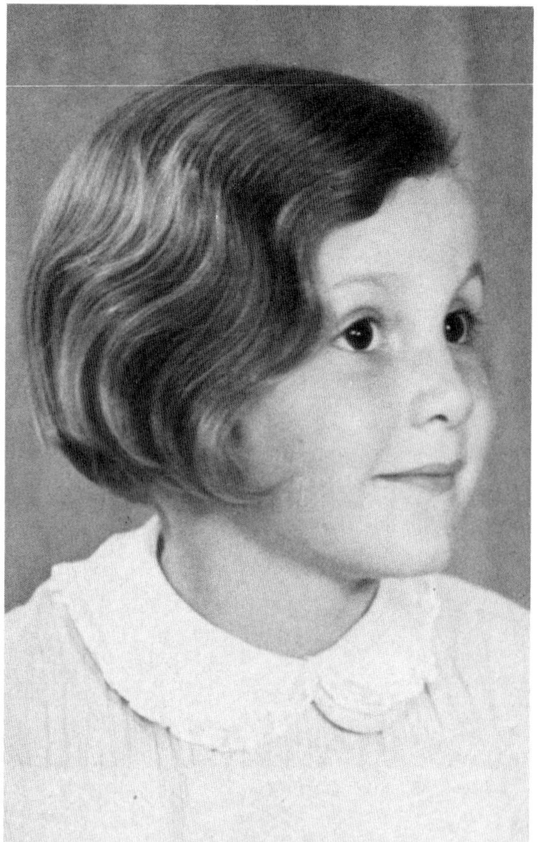

Marianne Zwicknagl: Vergnügt . . .

. . . mit den Eltern und der Schwester Brigitte . . .

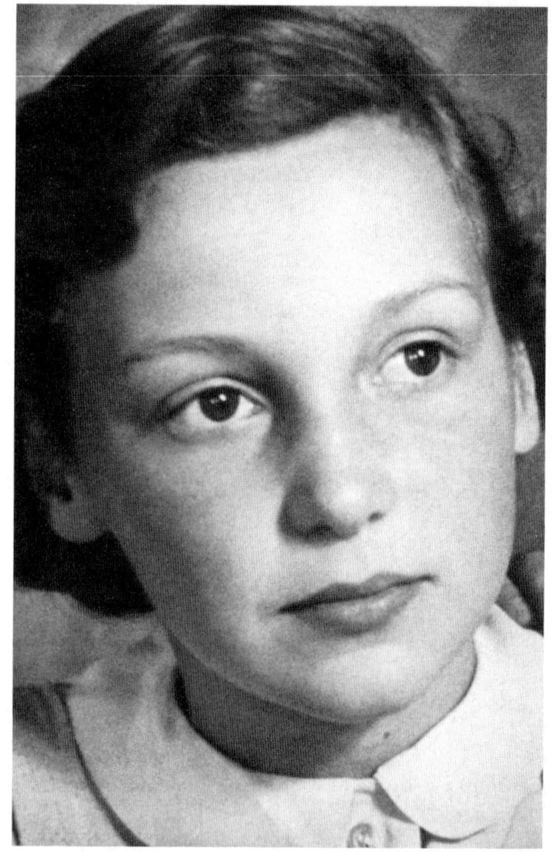

. . . aufmerksam.

Position, sondern immer eine Tätigkeit", die sie interessierte, – und die Frau von Franz Josef Strauß zu sein, bedeutet alles andere als Untätigkeit.

Wenn sie sich auch politisch im Hintergrund hält, und das ist für sie selbstverständlich, so hat sie immer schon die privaten Geschäfte geführt, die Korrespondenz erledigt, Bittschriften beantwortet, ein großes Haus bewirtschaftet, drei Kinder aufgezogen und erzogen und jahrelang in Bonn repräsentiert, sozusagen als First Lady, denn Adenauer und Heuss waren damals verwitwet, der Außenminister war ohne Frau und Luise Erhard leidend und nur selten in Bonn. Da blieb die Last politischer Repräsentation oft an ihr hängen.

Schwierigkeiten hat ihr das nie gemacht, neu war es für sie auch nicht und außergewöhnlich schon gar nicht. Sie bewegt sich mit der gleichen Selbstverständlichkeit über die Diele eines Bauernhofes wie über das Bonner Diplomatenparkett.

Nun war für sie Bonn – besonders das alte Bonn – immer ein Männerstaat, ganz im patriarchalischen Sinn. Alle waren sie sehr lieb, sehr nett und sehr väterlich. Sie war eine andere Generation.

Hätte sie Lust, unter den heutigen, den veränderten „Frauenverhältnissen", wieder in Bonn zu leben? Da lacht sie und sagt: „Wenn ich mir Bonn so angucke, bin ich mir gar nicht so sicher, ob sich da so wahnsinnig viel verändert hat. Das ist ein Männerladen geblieben." Daran ändert für sie auch eine Frau Renger und eine Frau Focke kaum etwas. „Ich hab' immer das Gefühl, es ist ein bißchen Kosmetik."

Lächeln für den Photographen

Das heißt nicht, daß die wenigen Bonner Damen für sie Alibifrauen sind. Nein. „Nur", sagt sie, „läuft es eben immer auf das alte Thema hinaus, und das heißt: Frauen haben riesige Schwierigkeiten in der Politik – und zwar was die Ausbildung anbelangt."

Natürlich wächst jetzt der Nachwuchs heran, natürlich sind Begabungen dabei, aber in Deutschland, das ist ihre feste Meinung, können Frauen nur Karriere machen oder eine Familie haben. Und die politische Karriere erfordert ungeheure physische Kraft und psychische Robustheit. „Und welche Frau hat die schon?"

Sie beispielsweise hat die gleiche Vitalität wie Franz Josef Strauß, sie hat dasselbe berühmte Max-Gymnasium besucht wie ihr Mann, sie hat eine geradezu männliche Ausbildung mit Erfolg abgeschlossen. Sie weiß, wovon sie redet.

Hat sie sich nun ihre Ehe so vorgestellt, mit einem Mann, der in erster Linie mit der Politik verheiratet ist? Warum nicht? Es ist, sagt sie, so viel schwerer, eine Ehe zu führen, die ganz regelmäßig verläuft.

Aber auch bei Straußens gibt es noch gemütliche Familienabende, wo es ganz „demokratisch" zugeht, wo man fernsieht, wo man Karten spielt, wo Franz Josef Strauß einem seiner

Fragen nach der Zukunft ...

... selbstbewußt beantworten.

Steckenpferde nachgeht, nämlich: „Mit der Frau ratschen". Vor allem über Politik. Das ist klar. Aber auch über Allerweltsdinge oder über Sachbücher, nicht dringend über Theater oder Musik, ein Musensohn ist er halt nie gewesen, aber darin hat er auch nie jemanden im unklaren gelassen.

Die Musische ist ganz fraglos sie. Sie geht häufig in die Oper, liebt Strauss und Mozart, hat eine umfangreiche Schallplattensammlung, geht ins Theater, wenn es einen Shakespeare, einen Giraudoux, einen Camus gibt. Die „künstlichen Seelenqualen" der letzten Theater-Krisenjahre hat sie freilich gräßlich gefunden. Und sie liest auch kein Buch, das ihr nicht paßt.

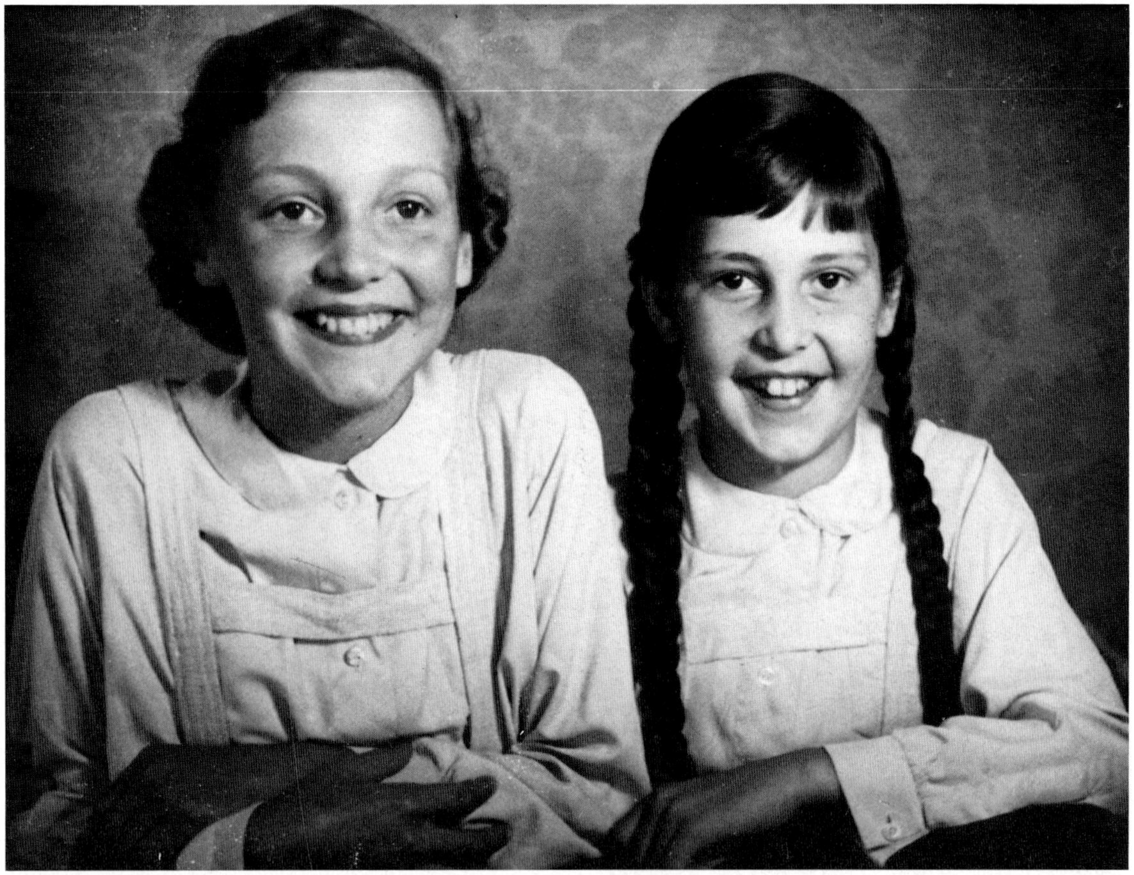

Vergnügtes Doppel – die Schwestern Marianne und Brigitte

Da ist sie rigoros. Da macht sie einfach nicht mit. Lesen muß Entspannung sein, Unterhaltung auch. Historisches, ja, das mag sie am liebsten.

Das Telefon klingelt zum dritten oder vierten Mal. Wenn Marianne Strauß am Apparat ist, spricht sie noch einen Grad lauter als sonst, so, als ob sie ein Gespräch nach Übersee führen müßte. Und meist verfällt sie dabei ins Bayerische. „Sie“ lacht sie, „jetzt muß i gleich schimpfen.“ Und das tut sie dann auch. Als sie eingehängt hat, spricht sie noch etwa eine Minute lang in diesem für Hamburger Ohren so exotischen Dialekt weiter.

Eine vitale, eine temperamentvolle Frau, die ein Gespräch in atemberaubender Schnelligkeit führen kann, ohne dabei je hektisch zu werden. Sie ist um keine Antwort verlegen, sie ist zum Fürchten gelassen. Hat sie nie Angst, zum Beispiel, wenn sie allein in der Umgebung spazierenradelt? Nein, das hat sie nicht. Und fügt hinzu: „Es wird sich ja wohl niemand so viel Mühe machen, dauernd hinter mir her zu sein.“

Lästig ist allein die Sache mit dem Telefon. Die Nummer wird immer wieder gewechselt, und spricht sich doch immer wieder herum. Und da rufen dann die Leute an, unangenehme und freundliche, die sagen „Frau Strauß, Ihr Mann ist wunderbar!“

„Das find' ich ja auch“, lacht sie, „aber doch bitte nicht um drei mitten in der Nacht!“

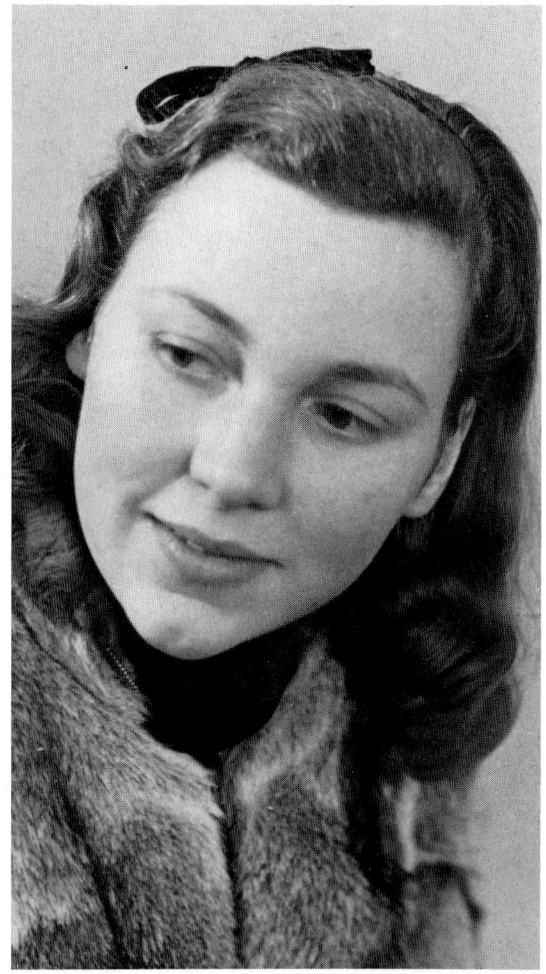

Unterwegs zum Erwachsenwerden…

Sie bezieht ihre Kraft aus der bayerischen Tradition ...

Was Marianne Strauß ausmachte, was sie bewegte, wo die Motive ihrer profilierten Haltung und ihres entschlossenen Handelns lagen – immer wieder wurde in den Medien der Versuch unternommen, auf diese Fragen Antwort zu geben. Im ZEIT-Magazin vom 27. April 1979 zeichnete Nina Grunenberg ihr Porträt von Marianne Strauß.

Marianne mit Schwester Schnecki.

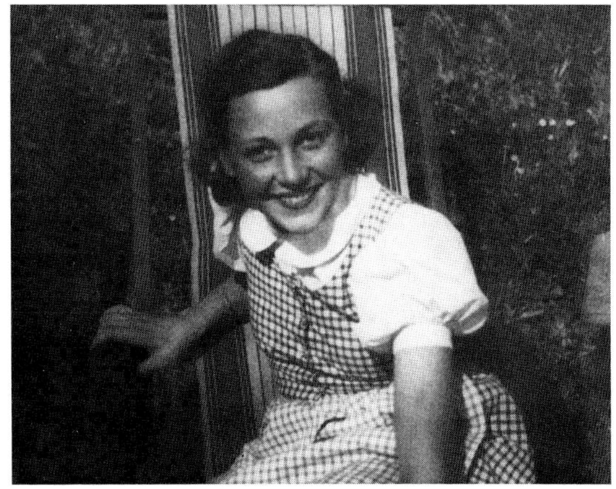

Mit Optimismus nach vorn – schauen, was kommt

Als Marianne Strauß die schwedische Königin auf dem Münchner Flughafen Riem von Frau zu Frau verabschiedet hatte, wollten die Klatschspaltenreporter der Münchner Zeitungen von ihr wissen: „Was haben Sie ihr zum Abschied gesagt?“ Freundlich gelassen repetierte Marianne Strauß zum Mitschreiben: „Auf wiedersehen und Gottes Segen für Sie.“ „Hat die Königin auch was gesagt?“ – „Nein, nein, sie hat sich nett verabschiedet. Da standen ja noch mehr Leute. Was sollte sie noch sagen?“ Jedermann wußte ohnedies schon, daß es den schwedischen Staatsbesuchern in München besonders gut gefallen hatte. „Hat die Königin sich überfordert gefühlt?“ – „Das weiß ich nicht“, antwortete Frau Strauß bestimmt, „das hätte sie nämlich nie gesagt.“

Zwei Tage später, als ich sie in ihrem Münchner Haus in Sendling besuchte, kam das Gespräch noch einmal auf das Schweden-Paar. Mehr als die Eltern beschäftigte Marianne Strauß das ungeborene Kind, das Königin Silvia kreuz und quer mit sich durch die Bundesrepublik getragen hatte. Wie eine erfahrene Mutter

Vor dem Elternhaus in Rott am Inn.

und resolute Hebamme, die überzeugt ist: „Alles überträgt sich aufs Kind", überlegte sie, wie die blutrünstige Strauss-Oper „Elektra", die zu Ehren der Gäste in der Bayerischen Staatsoper aufgeführt worden war, auf das Baby gewirkt und ob die Blitzlichter der Fotografen es gestört haben könnten.

Mutter Silvia erhielt von Marianne Strauß den dringenden Rat, das Blitzlichtgewitter der Fotografen nicht zu bald nach der Geburt, „wenn es noch halb im dunklen Mutterleib zu Hause ist", über das Kind hereinbrechen zu lassen; sie solle besser auf einen sonnigen Tag warten und es dann für die Fotografen in den Garten stellen – schließlich sei es „auch in Schweden mal schön".

Wer sich nun frei Haus mokieren möchte, weil er sich vom Zeitgeist geküßt vorkommt und sowieso alles besser weiß, ahnt nicht, was er sich entgehen läßt. Die kalte Verachtung, die Marianne Strauß für solche Menschen – „die Roten, wie wir sie nennen" – empfindet, basiert auf einem Wertgefüge, das sich an der mittelständischen Herkunft, am katholischen Glauben, an der Tradition, kurz, an der bayerischen Kultur orientiert und an dessen Nutz und Frommen für den Menschen Marianne Strauß überhaupt keinen Zweifel hegt. Es ist eine Gegenwelt, die sie dem norddeutschen, „roten", „gleichmacherischen" Leben, wie sie es sieht, bewußt entgegenstellt, auch ein wenig trotzig; denn sie weiß natürlich, daß der Zug der Zeit vor Bayern nicht haltmacht, daß er nur etwas später ankommt.

Ihre Gegenwelt fängt mit den Kindern an. Über Prominentenbabys und die Gefahren, die für sie in der Welt lauern, muß ihr niemand etwas erzählen. Sie selber hat drei Kinder erzogen – Max Josef, 20, Franz Georg, 18 und Monika, 16 – und dabei mit der Kraft, Energie und Vitalität, die ihr zur Verfügung stehen,

Im Kirchhof vor dem elterlichen Haus – entschlossenes Ausschreiten

Verbindungen – in einem weltoffenen Elternhaus eine Selbstverständlichkeit von Jugend an

versucht, die Welt für ihre Kinder heimisch zu machen.

Wie macht man das? „Wir waren immer für unsere Kinder da", sagte sie. Unter „Wohlstandsvernachlässigung", wie sie es nennt, haben ihre drei nie leiden müssen. Sie haben nie eine Mutter gehabt, die ihre Kinder ohne Frühstück zur Schule schickte, weil sie eine Verabredung auf dem Golfplatz hatte.

Marianne Strauß hat solche Fälle in der Schule der Kinder erlebt und findet sie abscheulich. Aktiv, wie sie ist, können sich ihre Kinder auch im Elternbeirat auf sie verlassen. Wenn sie die Schulprobleme unerträglich findet, schimpft sie im Verein mit den anderen Eltern und versucht wohl auch, ihren Mann einzuschalten. Das mißrät mitunter, weil solcher Art von civic action von der Münchner Kultus-Bürokratie als unzulässiger Eingriff verstanden wird. Doch ist schlecht vorzustellen, daß es irgend jemandem schon einmal gelungen ist, sie einzuschüchtern. Sie ist keine Frau, die ihren Mann fragen muß, wenn sie eine Meinung haben will.

Die Münchner „Abendzeitung" fragte Marianne Strauß einmal, ob sie sich vorstellen könnte, daß die Kinder, „dem Familienstandpunkt trotzend", irgendwann einmal ins gegnerische Lager überwechseln könnten. Für Marianne Strauß, hieß es weiter, „käme das einer Katastrophe gleich, die Kinder bei den Roten, nein, das könnte sie sich nicht vorstellen, eine Welt würde für sie einstürzen".

Wieso eigentlich konnte sie da so sicher sein?, fragte ich sie. War es nicht eher die Regel als die Ausnahme, daß sich die Kinder an den Alten die Zähne wetzten, und wäre es nicht nur normal, wenn die Jungen sich von einer so beherrschenden Figur wie Franz Josef Strauß herausgefordert fühlten, ihre Kräfte zu messen?

Bei solchen Fragen muß Marianne Strauß lachen. Die fallen für sie unter die Rubrik „Strauß-Klischees", und mit denen hat sie gelernt zu leben – wie schwer ihr das fiel, wieviel Disziplin dafür nötig war, das erzählt sie nicht. Aber sie vergißt dann sogar ihre Vorbehalte gegen den Gesprächspartner und ist nicht mehr auf der Hut. Ihre braunen Augen mustern die Welt dann nur noch lebensklug und selbstsicher. Da scheint's nicht den geringsten Zweifel zu geben. „Mein Mann", sagt sie, „ist ein großzügiger Vater. Er verkündet auch nicht am Wochenende seine Prinzipien. Wissen Sie, wir in Bayern wissen, was Freiheit ist."

Was das Gegenteil davon sei, erzählt ihr Tante Hanna, eine Schwester ihrer aus Hamburg stammenden Mutter. Tante Hanna ist in Hamburg Wochenschwester, kommt in den besseren Familien herum und erzählt in München, wie in Hamburg erzogen wird – offenbar ein Horrormärchen in bayrischen Ohren: „Pünktliche Zubettgehzeiten, sonntags vormittags spazierengehen. Und gehorchen, das heißt dort parieren, das macht bei uns der Hund. Hier heißt gehorchen, folgen lernen, das heißt begreifen lernen." In Bayern fährt Marianne Strauß fort, setzt man mehr auf einen festen Rahmen „mit religiöser Unterbauung", „das ist klar, aber in diesem bestimmten Rahmen werden große Freiräume für die Kinder geschaffen, da wird nicht dreingeredet. Die wissen nur: Man ist da und paßt auf. Dann klappt's."

Sorgfältig geachtet, das muß sie einräumen, hat sie allerdings auf die Langzeitplanung der Familie, auf den Wechsel von Bonn, als die Kinder noch nicht schulpflichtig waren, zurück aufs Dorf, Rott am Inn, wo ihre Familie ansässig war und die Kinder zur Volksschule gingen, zurück in die Stadt nach München. Sie hat die Schulen nach Möglichkeit so ausgesucht, daß Schulwechsel keine Katastrophe waren. Großen

In der elterlichen Wohnung in Rott am Inn

In der Klosterkirche von Rott am Inn – vor der Statue der Hl. Katharina und des Hl. Anianus

Wert legte sie darauf, daß Schulen, die ihre Kinder besuchten, auch körperbehinderte Schüler in den Klassen hatten. Diese Erfahrung fand sie für ihre Kinder wichtig. Was sagt der Zeitgeist nun?

Marianne Strauß, so sagen Leute, die sie näher kennen, sei ein Mensch, der zu Patentrezepten neigt. Sie erzählen das respekt- und vorwurfsvoll zugleich. Doch daß sich die Rezepte bei den Strauß-Kindern bewährt haben, müssen sie auch zugeben. „Die Jungen", erzählt jemand, „wuchsen in den Diskussionen der Alten auf. Die intellektuelle Kongruenz in der Familie hat immer gestimmt." Für jedermann sichtbar wurde das, als Max Josef, der Älteste, in der ungenierten Manier seines Vaters begann, in der Jungen Union mitzumischen. Das gab Ärger, aber insgeheim soll es den Vater diebisch gefreut haben.

„Wenn ich Ihnen so zuhöre, scheint es, als reden Sie von einer heilen, von einer unangetasteten Welt."

„Nein", erwidert Marianne Strauß lebhaft und präzise, „ich habe nur versucht, die Welt unantastbar zu machen. Das müssen Sie aktiv sehen. Uns kam es darauf an, die Kinder von innen auszupolstern und stark zu machen."

An solchen Stellen ergeben sich Seitenhiebe auf „die Roten" fast von selber – auf jene, die sich „loslösen von der Tradition", die „alles entgrenzen": „Der bindungslose Mensch, das ist, was heute gewollt wird. Dann ist der Mensch nämlich manipulierbarer."

So spricht eine standesbewußte Bayerin, die sich ihres eigenen Wertes bewußt ist und in sich selber ruht. Marianne Strauß gehört einem Typ an, der in Bayern noch häufiger zu finden ist: Sie sind weder Heimchen noch Emanzipierte; im Rahmen einer bürgerlichen Ehe und auf der Basis wirtschaftlicher Unabhängigkeit sind sie an ein selbständiges Leben gewöhnt.

Von Haus aus ist Marianne Strauß eine „Bräuin"; dem Vater, Konsul Zwicknagl, Mitbegründer der CSU, gehörte das Kaiser-Bräu in Rott am Inn. Es waren immer die Frauen, die es bewirtschafteten, die Großmutter, die Mutter und dann sie als junge Volkswirtin: „Das hatte sich so eingebürgert, daß die Frauen den Betrieb führten", erzählt sie. „In den mittelständischen Betrieben ist das wie bei den kommunizierenden Röhren: Was er nicht macht, macht sie."

Wer solchen Erbinnen das Wasser reichen will, muß sich anstrengen. Mit 17 Jahren ertrotzte sich Marianne Zwicknagl vom Vater das eigene Zimmer in München, weil sie sich in den Kopf gesetzt hatte, ihr Abitur auf dem Maximilian-Gymnasium zu machen, bis heute das erste Gymnasium am Platze, das zu ihrer Zeit offiziell nur Jungen offenstand. So viel Fortschrittlichkeit verwundert. Marianne Strauß hat dafür nur ein Achselzucken übrig: Was wissen Nordlichter schon von den Bayern.

Auf dem Max-Gymnasium war auch Franz Josef Strauß Schüler. Marianne Zwicknagl heiratete ihn mit 27 Jahren – als diplomierte Volkswirtin mit englischem und französischem Dolmetscherexamen. Das war 1957. Franz Josef Strauß war 41 Jahre alt und bereits Bundesverteidigungsminister. Schon in ihren ersten Ehejahren mußte sie sich daran gewöhnen, „daß ich jetzt nur noch Nummer zwei war".

Sie erinnert sich daran, wie sie 1963 nach der Spiegel-Krise mit ihrem Mann zu Besuch in Israel war. Es gab Unruhen, Demonstrationen gegen Strauß, und bohrende Reporterfragen. Einer fragte: „Was haben Ihre Eltern mit den Juden gemacht?" und sie antwortete: „Wir waren im katholischen Bayern auf dem Lande. Da gab es keine Juden" – eine Antwort, von der sie zu wissen glaubte, „daß sie ins Klischee paßte".

„Ich stamme aus dem Wirtshaus", sagte Ma-

Bereit, die Herausforderungen des Lebens anzunehmen

Vor dem Schritt in die Öffentlichkeit – Geborgenheit hinter heimatlichen Türen

rianne Strauß gern, und das klingt eher stolz als kokett, wenn sie bündig erklären will, warum für sie die Repräsentationsrolle als Frau von Franz Josef Strauß wenig Fragen aufwirft. „Da lernt man, gußeisern freundlich zu sein." Mit diesem Charme wehrt sie auch die Fragen nach ihrem Leben mit Franz Josef Strauß ab. Ein Mann, in dessen Umkreis kein Gras mehr wächst? Da kann sie nur lachen, und die Frage wieder unter der Rubrik „Strauß-Klischees" abbuchen. Sie selber ist gewachsen – nicht verkümmert wie manche andere Politikerfrau. Wer sie kennt, zweifelt keinen Augenblick, daß die Vorstellungen ihres Mannes zur Familien- und Bevölkerungspolitik, über das Eherecht, über das Behindertenrecht, über die Altenpolitik wesentlich von ihr beeinflußt sind. Das alles sind für sie nicht nur theoretisch soziale Fragen; sie arbeitet selber in der Behindertenfürsorge, in der Geschiedenen-Betreuung der Erzdiözese München – „Vergessen Sie nicht, wir sind Katholiken, unsere Pfarrer gucken die Geschiedenen immer noch scheel an" – sie hat ihre Schützlinge in den Altersheimen und unter geistig Behinderten: Das ist ihr Reservat.

Eine Gegenwelt? Marianne Strauß ist klug genug, um zu wissen, daß auch in Bayern die mittelständische Gesellschaft, aus der sie kommt nicht mehr so intakt ist, wie sie einmal war. Doch sie ist auch parteiisch genug, darauf zu bestehen, daß Abbau und Verfall erst seit 1969 deutlich spürbar sind – seit die Sozialliberalen im Bund regieren. Und weil sie eine starke Frau ist, würde sie auch so denken, wenn sie nicht Strauß hieße.

Vom Spaß, Frau Strauß zu sein...

Im Juli 1978 – Franz Josef Strauß war von seiner Partei für die im Herbst jenes Jahres anstehende Landtagswahl in Bayern zum Kandidaten für das Amt des Ministerpräsidenten nominiert worden – schrieb Nikola Reichel für das bayerische Magazin „Löwe & Raute“ eine Reportage über eine Begegnung mit Marianne Strauß.

Nach dem Studium die Praxis – Leitung der elterlichen Brauerei

Sie öffnet selbst die Tür, lächelt mit sehenswerten Zähnen, lotst in den komfortablen Wohnraum, empfiehlt einen Sofaplatz zu Füßen der Blaumantelmadonna als besonders bequem, rückt Tee, Kaffee und Saft in handliche Nähe und lehnt sich, mehr gottergeben als erwartungsvoll, in ihrem altväterlichen Gobelinsessel zurück.

Marianne Strauß – warmherzig, gescheit, beeindruckend ungekünstelt – wird auch von Journalisten nicht aus der Ruhe gebracht. Eigentlich durch niemanden und nichts.

Tag und Nacht steht Polizei vor dem unauffälligen Einfamilienhaus im Münchner Stadtteil Sendling. Elektrische Rollgitter sieben den Blick zum Garten. Wer kommt, wird kontrolliert, wer geht, beobachtet. „Gräßlich“, seufzt Frau Strauß, „aber nicht zu ändern.“ Drohungen gegen Franz Josef Strauß müssen ernst genommen werden. Eine kaum vorstellbare Belastung für eine Frau. Diese hat gelernt, mit ihr zu leben.

Vieles an Marianne Strauß ist ungewöhnlich: ihr Verstand, ihre Vitalität, ihre heitere Selbstsicherheit. Sie lacht viel, lacht frei heraus, redet mit dunkler, lebhafter (selbstverständlich bayerisch gefärbter) Stimme. Kräftige, gutgeformte Hände unterstreichen, was sie sagt. Small-talk,

Ilse und Dr. Max Zwicknagl mit ihrer Tochter Marianne

Am 4. Juni 1957 heiratet in Rott am Inn die Diplomvolkswirtin Marianne Zwicknagl Bundesverteidigungsminister Franz Josef Strauß.

Gast bei der Strauß-Hochzeit: Bundeskanzler Konrad Adenauer

Phrasen und Klatsch hört man von ihr jedenfalls nicht.

Mit ihr zu reden, ist immer ein Gewinn. Nicht bloß, weil die Frau des CSU-Chefs intelligent ist, allround gebildet und kritisch, sondern weil sie – anders als so viele gleichfalls intelligente, gebildete, kritische Ehefrauen brillanter Männer – keineswegs nur wie sein getreues Echo wirkt. Ihre Meinung formt und vertritt sie lieber selber.

Sehr entschieden, sehr freimütig. Vielleicht unbewußt greift sie aber dabei immer wieder auf Straußsches Vokabular zurück.

Doch bei allem Freimut eines übersprudelnden Temperaments ist sie viel zu klug, viel zu diplomatisch – „geworden!“, wirft sie hier ein – um alles zu sagen, was sie so denkt. Auch ein Psychogramm all ihrer Gefühle, Meinungen, Reaktionen bekommt niemand. „Ein Stück Privatleben“, verkündet sie kategorisch, „das braucht jeder!“

Ihr erstes Treffen mit dem Feuerkopf der deutschen Politik wird von bunten Blättern gern in bewegenden Worten geschildert. Richtig ist, daß sie seit dreizehn Jahren flüchtig bekannt waren, ehe es – „lachen's bittschön net, aber es war im Fasching 1957“, merkt sie an – funkte. FJS war damals 41 und Verteidigungsminister, Marianne Zwicknagl hatte ihren Diplom-Volkswirt gemacht und leitete die elterliche Brauerei im oberbayerischen Rott am Inn.

Was ihr damals auffiel: „Wo er ist, ist immer Wirbel, irgendwie zieht er ihn an.“ Aber das wirbelige Leben mit einem „Tornado“ machte ihr Spaß. Schließlich kommt sie aus politisch geprägtem Hause und hat sich von Kind an in Politik getummelt. Schon ihr Vater, der als Konsul in Innsbruck wirkte, hatte ihr beigebracht: „Nur niemals aufregen – einer schimpft immer!“ So bewahrt sie – zumindest äußerlich –

stets Gelassenheit, wenn wieder einmal Hohn und Lügen gleich kübelweise über ihren Mann ausgeschüttet werden. Nichts, gar nichts und niemand könnte ihre Überzeugung ankratzen, die da lautet „Franz ist grundanständig; er denkt nur schneller, gründlicher und schärfer als die anderen und da wird er halt leicht ungeduldig und grantig."

Wenige Frauen deutscher Politiker begreifen so viel vom Metier ihres Mannes wie Marianne Strauß. Ob er penetranter Verleumdung ausgesetzt ist oder phänomenale Karrieregipfel erreicht – sie nimmt alles mit einem fröhlichen „halb so wild" hin.

Schon gar nicht mischt sie sich ins politische Geschäft. Doch mit weit ausfahrenden Antennen erspürt sie, wann er sie braucht: zuhörend, ermunternd, dämpfend, begütigend. Sie ist objektiv, sachlich, zuverlässig, hat viel Menschenkenntnis und obendrein die Begabung, kompliziertestе Wechselwirkungen politischer, wirtschaftlicher, soziologischer Zusammenhänge auf einen kurzen, einprägsamen, allgemeinverständlichen Nenner zu bringen.

Im Grundsatz stimmt Marianne Strauß mit ihrem Mann überein. Doch weil sie toleranter erscheint, weil sie auch im Streitgespräch disziplinierter bleibt, sieht es manchmal nicht so aus. Sie interpretiert dies sogleich: „Das kann ich leicht sein, gelassen und höflich, ich bin ja schließlich nicht im permanenten Trommelfeuer wie er."

Leicht ist diese Ehe bestimmt nicht. Aber wieviel Kraft sie Marianne Strauß kostet, wird nie jemand erfahren. Andeutend nur gibt sie zu, daß sie gelegentlich ein Gefühl ohnmächtigen Zornes verspürt: Wenn sie all die Gemeinheiten, die bösartigen Sudeleien gegen ihren Mann immer und immer wieder lesen muß. Allerdings mobilisiert sie dann gleich ihre Vernunft, die ihr

Der Erzbischof von München und Freising, Josef Kardinal Wendel, nimmt die Trauung vor.

sagt: längst nicht alles sei persönlich gemeint; wer heute den Vorsitzenden der Christlich-Sozialen Union verteufle, meine immer auch den gesamten weißblauen Freistaat: konservativ und intakt, sei dieser natürlich für die Systemveränderer aller Schattierungen eine unerhörte Herausforderung.

Es ist unmöglich, mit Marianne Strauß zu sprechen, ohne bei der Politik zu landen. Obgleich sie unentwegt auch andere Themen ansteuert. Alle fünf Familienmitglieder politisieren, auch die drei konditionsstarken Junioren Max Josef, Franz Georg und Monika. Wer da zuhört, denkt unwillkürlich an ein rasantes Ping-Pong-Match und ist beeindruckt, daß

Die ersten gemeinsamen Schritte des Ehepaares Strauß – flankiert von einer Ehrenformation der Bundeswehr

Das Ehepaar Strauß und die Brauteltern Ilse und Dr. Max Zwicknagl in fröhlichem Gespräch mit Bundeskanzler Konrad Adenauer

Das hochzeitliche Mahl im Saal des Gasthofes „Zur Post“ im heimatlichen Rott

Marianne und Franz Josef Strauß – Blick in die gemeinsame Zukunft

Franz Josef Strauß mit seiner Mutter Walburga Strauß

Glücklich – Marianne Strauß am Tage ihrer Hochzeit

Frischgebackene Schwägerinnen – Brigitte und „Schnecki" Zwicknagl mit Franz Josef Strauß und Frau Marianne

Bundesverteidigungsminister Strauß, damals noch Pfeifenraucher, mit Frau Marianne

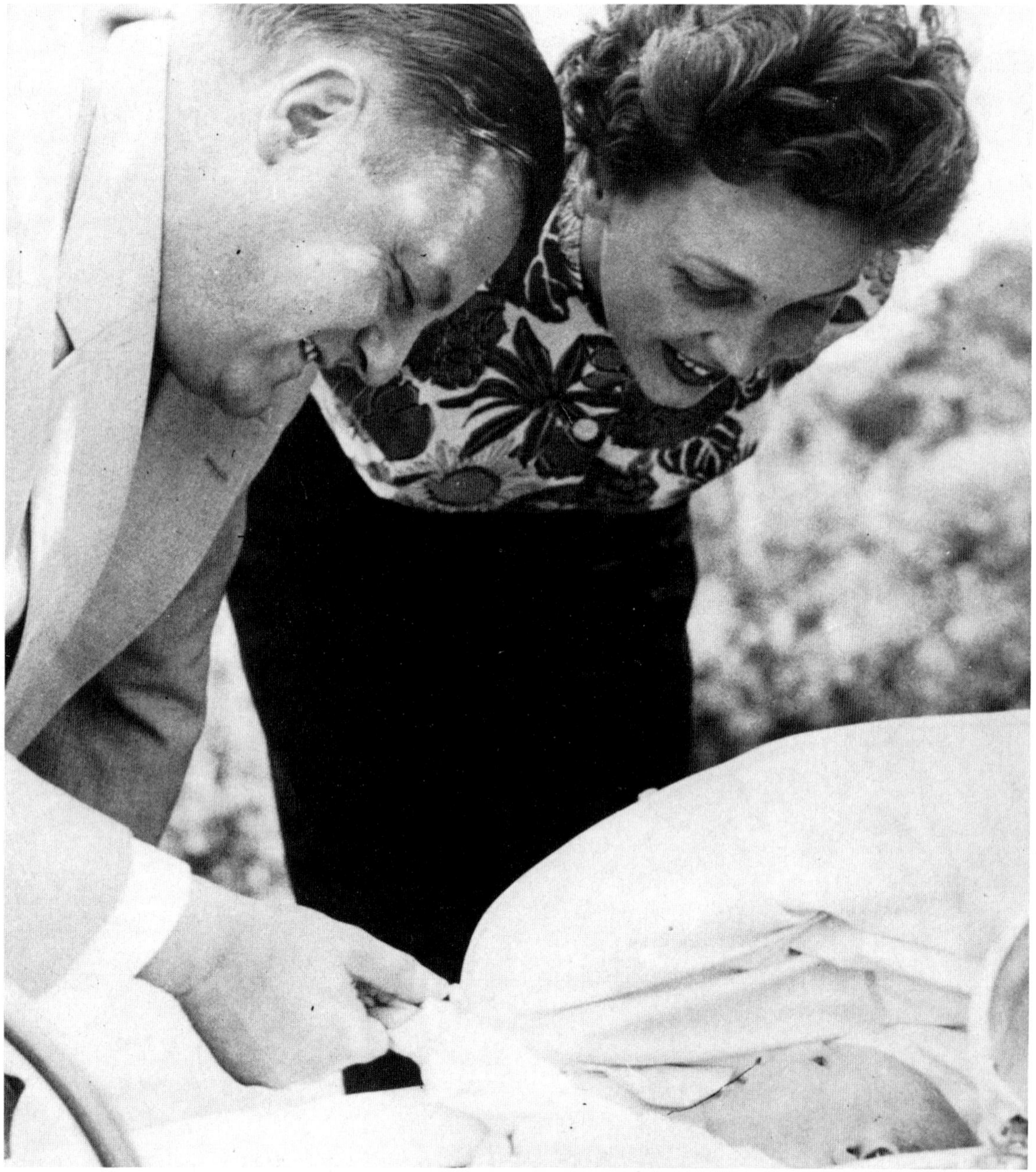

Freude über den Stammhalter – am 24. Mai 1959 wird dem Ehepaar Strauß der erste Sohn, Max, geboren.

nicht allein der Hausherr im schnellen Spiel mit Worten versiert ist. Thesen, Gegenthesen, Gedanken werden gedreht, gewendet, weitergesponnen; fünf spitze Zungen, sarkastisch, pointiert, das Tempo immer allegro. Es gibt Abstecher zu jedwedem Thema, zur Jagd und zur Militärtechnik, zu den Religionsphilosophien und zum Motorsport, zu Schulstreß, Emanzipationsfimmel, Krisenherden und ... und ... und.

Kein Zweifel, eine talentierte Mutter ist Marianne Strauß ebenfalls. Denn Max, Franz und Monika zeigen keins der typischen Symptome von „Prominentenkinder" – weder rebellieren sie gegen die Eltern, noch sind sie ausgeflippt oder versnobt. Ihre Mutter fragt ganz verwundert: „Warum sollten sie denn? Wir sind doch eine rundherum glückliche, aufeinander eingeschworene Familie und im übrigen stinknormal." Hakt man nach, erfährt man, daß Franz Josef Strauß und Marianne Strauß starre Erziehungsregeln für einen „ziemlichen Schmarrn" halten, daß zwar Manieren selbstverständlich seien, aber sonst? „Wichtig erschien uns eine bestimmte geistige, charakterliche, moralische Haltung, die man – und zwar beide Elternteile! – vorlebt, alles andere kommt von selbst!" Und – mit vergnügtem Augenzwinkern noch ein Nachsatz: Sie jedenfalls habe bei ihrem Nachwuchs noch kein Defizit an „Streicheleinheiten" bemerkt, das dann mit Generationsproblemen ausgeglichen werden müßte.

Wieder lacht sie dieses ansteckende Lachen, das zu ihr gehört wie ihre unverblümte, ungeheuchelte Art zu reden. Eine Frau, die auch über sich selbst lachen kann, die souverän genug ist, um zu wissen, daß niemand alles richtig machen kann. Deshalb wird sie sich auch nie als „Leitbild" fühlen, egal, ob der Weg ihres Mannes nun in die Bayerische Staatskanzlei oder in

Die ersten Lebensjahre verbringt Max Strauß in Bonn . . .

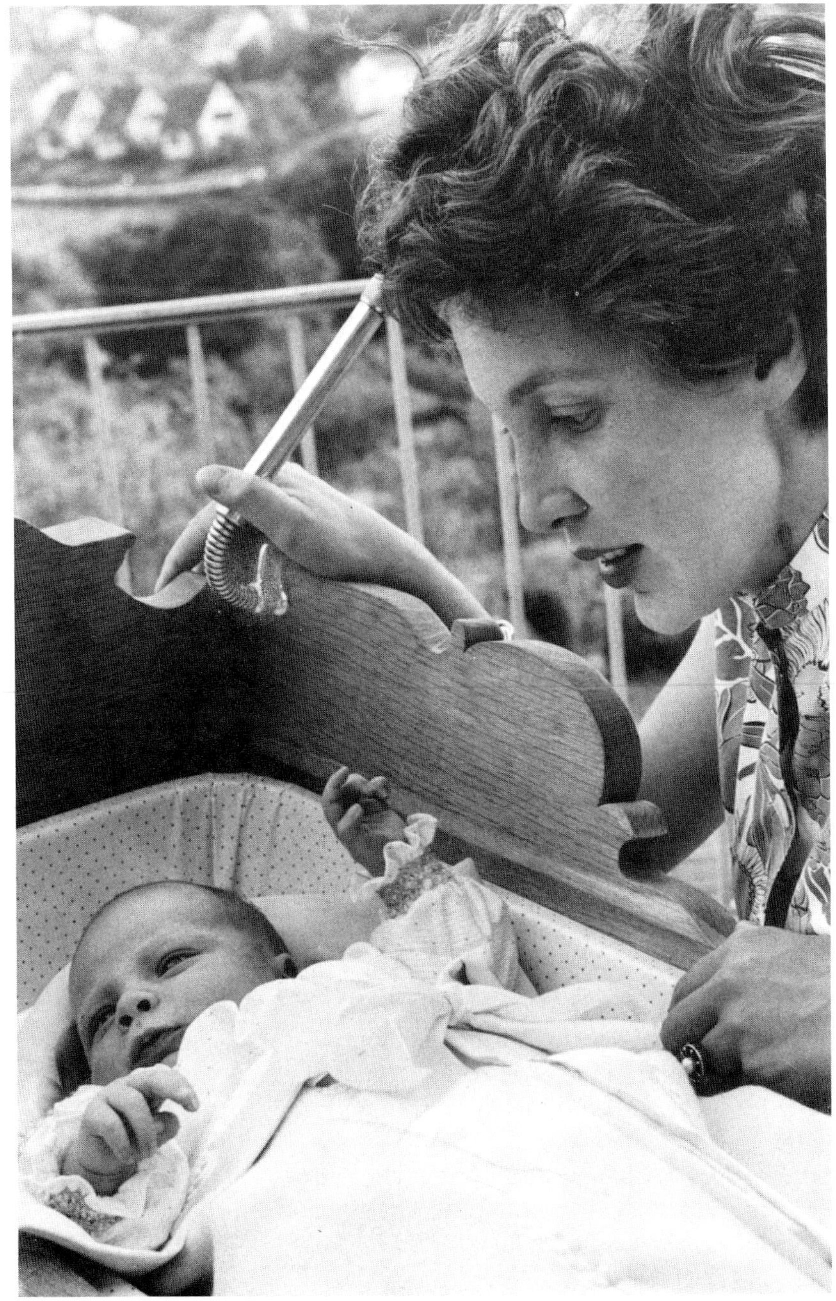

. . . von der Mutter behütet und geborgen in einer Wiege, die dem Bundesverteidigungsminister von der Bundeswehr geschenkt worden war.

ein anderes Zentrum politischer Macht führen mag. Schon der bloße Gedanke, womöglich protokollarische Erwartungsbilder erfüllen zu sollen, entlockt ihr ein unverfälschtes „Achduheiligerstrohsack!" Gesellschaftliches Repräsentieren hält sie nicht für sonderlich wichtig. Noch nicht. „Es kann auf mich zukommen", räumt sie ein, „dann werde ich das Beste draus machen."

Sie wird es, das ist gar keine Frage. Von ihr strahlt etwas zum Greifen Positives aus, das jedermann beeindruckt, auch Menschen, die etwas gegen FJS haben. Zart ist sie grad nicht, aber gut proportioniert, langbeinig, elegant in der Bewegung. Ihren Typ weiß sie vorzüglich zu unterstreichen: zu sonnenverbranntem Teint Haselnußaugen mit Goldpunkten, ein großzügiger Mund, nußbraunes Haar, das sie gern bequem zurückstreicht. Ihre Garderobe hat Münchner Sportschmiß – erstklassig geschnitten, gutes Material, klare Farben – die Accessoires sind exquisit. Schmuck hat sie geerbt und auch vom Ehemann bekommen, doch meist trägt sie nur eine schimmernde Perlenschnur und ihre schönen alten Barockringe.

Sie hat ein ganz besonderes Geschick, Gegenstände verschiedener Stilarten und Epochen so zu sammeln, daß sie wunderbar zusammenpassen. Nichts ist in ihrem Hause tot oder museal wie in so vielen anderen Häusern voll ererbter Antiquitäten. Barockschrank, Kamin mit Buchenkloben, altes Zinn, Stiche – da bliebe kein Platz für modisch-luxuriösen Firlefanz.

Ihr Schreibtisch sieht nach viel Arbeit aus. Steuersachen, Rechnungen, Bittbriefe, eine umfängliche Privatkorrespondenz bleiben an ihr hängen. Sie hat auch das Haus, das erst vor kurzem bezogen wurde, umgebaut, es ist längst noch nicht fertig. Die Bücher, die sonst jedes Straußsche Gehäuse fest einmauern, sind noch

Max auf dem mütterlichen Arm

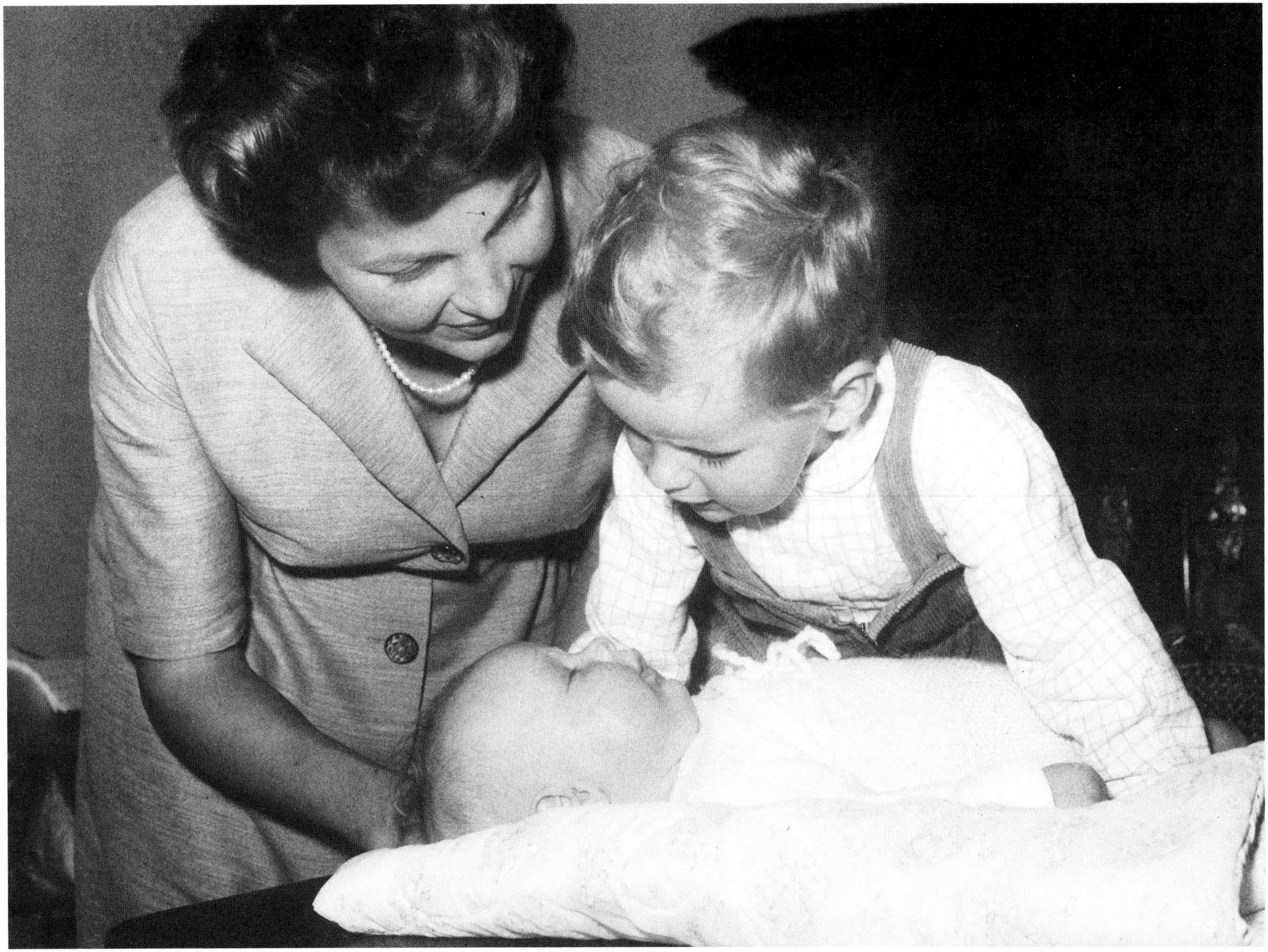

Brüderliche Begutachtung – Marianne Strauß mit Max und dem am 5. Mai 1961 geborenen Franz Georg

ausgelagert, nur die Fachliteratur des Hausherrn fand bereits Platz im Arbeitszimmer.

Lesen gehört für Marianne Strauß inzwischen zu den Beschäftigungen, die für den Urlaub reserviert bleiben müssen. Auch Radeln, Schwimmen, Wandern, die Jagd und Theaterbesuche zählen dazu. Gelegentlich meutert sie gegen das hastige Getümmel ihres Lebens, doch sogleich tröstet sie sich mit Goethe: „Noch ist es Tag – da rührt sich der Mann!"

Seit die Kinder größer sind, begleitet sie den ihrigen auf wichtigen Auslandsreisen – nach China, Amerika, Afrika. Sie reist gern, scheut auch die Strapazen nicht, nur: „Niemand kann sich vorstellen, wie wir unsere deftige bayerische Hausmannskost vermissen!"

Kann man heute als Frau Strauß überhaupt noch unbehelligt von Neugier einkaufen gehen, irgendwo Weißwürscht essen oder ein Eis löffeln?

Die Lachfältchen um ihre Augen vertiefen sich: „Aber bestimmt! Weil ich mich nämlich nicht zu prominenten Zeiten an prominenten Plätzen blicken lasse." Unbeobachtet aber bleibt sie auch dann nicht. Auf Schritt und Tritt muß sie, muß jedes Mitglied der Familie Strauß, von Leibwächtern beschützt werden. Welch ein bitterer Kotau vor dem Terror.

Unter der Haustür in Rott am Inn – Ehepaar Strauß mit Sohn Max und Hund Waldo

Ist Ihr Mann der König von Bayern, Frau Strauß?

Immer wieder war Marianne Strauß ein gesuchter Gesprächspartner fragender Journalisten. Friedrich Nowottny, populärer Leiter des Bonner Studios der ARD, interviewte im März 1980 für das Fernsehmagazin „Funkuhr" Frau Strauß.

Nowottny: Macht es Ihnen eigentlich Spaß, als Frau des Bayerischen Ministerpräsidenten nun eine ganz andere Rolle in der Öffentlichkeit zu spielen als früher?

Marianne Strauß: Wieso eine andere? Vorher war die Position meines Mannes auch nicht gering, oder?

Nowottny: Richtig. Ist da nicht aber doch eine Qualitätsveränderung eingetreten?

Frau Strauß: Ich glaube, daß zum Beispiel die Repräsentation in meinem Leben immer einen Platz gehabt hat. Früher war mein Mann ja auch schon Minister. Er hatte immer einen hohen Rang.

Nowottny: Wir Nordlichter schätzen das insofern falsch ein, daß wir Bayerns Ministerpräsidenten oft noch einem König von Bayern gleichsetzen.

Frau Strauß: Bayern ist nicht nur das Herzstück Europas, sondern die einzige Ecke Deutschlands, die noch Traditionen bewahrt. Das heißt: Identität. Der Verlust dieser Identität ist heute überall in Deutschland so schrecklich. Man sagt heute „Bavarian Look" und „Folklore" und „Hofbräuhaus". Und man meint damit: Sehnsucht nach Geschichte, nach Tradition, nach jenem Teil der Persönlichkeit, der sich nicht ausschließlich durch Geburt ausdrückt.

Nowottny: Vielleicht liegt das daran, daß Bayern seine eigene Geschichte hat.

Frau Strauß: Bayern ist zwar ein in sich geschlossenes Gebiet, hat aber keine in sich geschlossene Gesellschaft. München ist seit Jahrhunderten ein ungeheuer polyglottes Pflaster. Bayern teilt aber wiederum das Schicksal mit allen anderen deutschen Ländern, indem es zwei Millionen Flüchtlinge und Vertriebene aus Ost- und Mitteldeutschland integrierte.

Nowottny: Ein anderes Thema: Wie schätzen Sie das Phänomen der Frauen-Emanzipation ein? Kein Mensch, der mit offenen Augen durch die Welt geht, kann die Diskussion um die Emanzipation ignorieren.

Frau Strauß: Man darf natürlich nicht von der falsch verstandenen Emanzipation ausgehen. Die ist heute das eigentliche Problem. Den Frauen wird doch oft genug suggeriert, sie seien

Trotz öffentlicher Beanspruchung immer für die Kinder da – Marianne Strauß mit den Söhnen Franz Georg und Max sowie mit der am 2. Juli 1962 geborenen Tochter Monika

An der Kaffeetafel – Max mit den Eltern und Großmutter Walburga Strauß

erst dann vollwertig, wenn sie einen Beruf haben und kinderlos durchs Dasein gehen.

Nowottny: Also wenn sie im Beruf Gleichwertiges leisten wie ein Mann?

Frau Strauß: Genau, wenn sie Ersatzmänner sind. Ich bin nicht der Ansicht, daß eine Frau das Abziehbild des Mannes darstellen soll. Die Frau ist eine Frau, und ohne die Frau ist die moderne Industriegesellschaft undenkbar. Frauen haben in ihr überall ihren Platz.

Nowottny: Eine Frau bekommt zum Beispiel Kinder, kann den Beruf nicht ausüben und somit auch keine Karriere mehr machen.

Frau Strauß: Karriere! Sie sehen das immer nur männlich.

Nowottny: Überhaupt nicht.

Frau Strauß: Wenn ich Kinder haben will, so will ich sie zu einem Teil meines Daseins machen.

Nowottny: Die Frau muß sich also Ihrer Meinung nach irgendwann mal entscheiden, was sie will?

Frau Strauß: So wie sich jeder Mensch entscheiden muß. Es gab zu allen Zeiten Frauen, die Kinder hatten – und solche, die kinderlos blieben, freiwillig oder unfreiwillig. Kinder sind zunächst mal ein Gottesgeschenk.

Nowottny: Nun ja, achtzig Prozent aller Frauen und Männer wollen Kinder, nur dreißig Prozent haben welche. Wer kann sich die auch leisten? Natürlich, der Ministerpräsident, klar, oder ein leitender Angestellter.

Frau Strauß: Kinderliebe darf nicht allein Sache der Wohlhabenden werden. Eine Arbeiterin dagegen, die ein drittes Kind bekommt, wird manchmal dumm angeredet.

Nowottny: Ich glaube, daß Sie das überspitzt sehen. Die Verlockungen dieses Lebens sind nicht dazu geeignet, Kinderreichtum zu fördern.

Frau Strauß: Es kommt darauf an, was man will.

Nowottny: Sollte der Staat nicht mehr für die Familien tun?

Frau Strauß: Der Staat muß mehr tun. Dazu brauchen wir mehr freiwillige Nachbarschaftshilfe.

Nowottny: Kommt es vor, daß der Ministerpräsident von Bayern heimkommt und sagt: „Hör mal, wie siehst du das Problem der immer geringer werdenden Geburten?“

Frau Strauß: Sicher fragt er mich das. Das ist im Zusammenhang mit der Steuergesetzgebung, dem Kindergeld, dem sozialen Wohnungsbau und der Steuer durchaus ein heißes Thema. Da hinein spielen auch Themen wie Mütter- und Familienerholung.

Nowottny: Gäbe es in Bayern das Amt des Familienministers, dann wäre es bei Ihnen in guten Händen. Vielleicht sind Sie aber auch schon der Familienminister von Bayern!?

Frau Strauß: Nein, wir haben zwei Leute, die dafür zuständig sind, der Kultusminister und der Arbeits- und Sozialminister. Und wenn Sie sich bei uns die Hierarchie anschauen, so ist auch die Beamtenförderung im Hinblick auf Emanzipation eine schwierige Sache. Beispiel: Zwei Vierzigjährige stehen zur Beförderung an, einer ist alleinstehend, der andere, von der Qualität gleichwertig, hat vier Kinder. Der wird befördert. Logisch! Der braucht Job und Geld dringender . . .

Nowottny: In Ihrem privaten Alltag haben Sie wenig Ärger mit Ihren Kindern?

Frau Strauß: Die Kinder haben mir alles nur mit Liebe vergolten. Das kann sich keiner vorstellen.

Nowottny: Und sie leben alle noch daheim?

Frau Strauß: Ja. Die denken vorläufig gar nicht daran, wegzugehen. Der älteste, Max Josef, ist jetzt Banklehrling; der zweite, Franz Georg, wird Werbekaufmann, und die Monika wird wohl Sportlehrerin.

Nowottny: Die Tochter auf den sportlichen Spuren des Vaters? Er war Radrennfahrer . . .

Frau Strauß: Ja, er war vor dem Krieg bayerischer Straßenmeister. Ein Fahrrad ist ein Stück Freiheit – und für ihn ist Freiheit so wichtig wie die Luft zum Leben.

Nowottny: Beengt ihn sein Amt nun in diesem Gefühl?

Frau Strauß: Nun ja, im Grunde ist er der geborene Parlamentarier.

Nowottny: In Bonn fehlt er in dieser Eigenschaft. Wehner ist weit über siebzig, er wird sich eines Tages zwangsläufig verabschieden. Dann ist keine Farbe mehr im Parlament. Es bleiben die Oberstudienräte – wobei ich nichts gegen die gesagt haben will –, die die Farblosigkeit des Parlaments-Alltags ausmachen. Wer stellt sich da heute noch ans Rednerpult, kommt mit einem Manuskript – wie ihr Mann –, das er nicht benutzt, und redet trotzdem neunzig Minuten?

Frau Strauß: Diese alten Drachen kamen nach dem Krieg daher und haben, korruptionslos, dieses Land schier lautlos aufgebaut. Bonn hatte ja bis 1969 eine Verwaltung, wie sie es auf der ganzen Welt nicht ein zweites Mal gab.

Nowottny: Und was hat dann dazu beigetragen, daß heute überall bürokratische Wasserköpfe sitzen?

Wachsam auf die Fragen der Kinder eingehen – die Mutter mit Max und Monika

Frau Strauß: Die Herren in ihren grauen Anzügen, die alles kontrollieren wollen. Heute muß bei uns jeder Verwaltungsakt, von der Schulnote angefangen, verwaltungsgerichtlich nachprüfbar sein. Das macht aus jedem Vorgang einen Präzedenzfall.

Nowottny: In der Familie Strauß, wo der Familienchef Ministerpräsident, Parteivorsitzender und Kanzlerkandidat ist – wie steht es da mit der Vaternähe?

Frau Strauß: Als er Parlamentarier in Bonn war, war er öfter unterwegs.

Nowottny: Wenn er unterwegs ist, da hat er eines mit den großen Stars gemeinsam: Er füllt mit leichter Hand die größten Hallen. Gehen Sie machmal mit auf Wahlreisen?

Frau Strauß: Gerne.

Nowottny: Und – haben Sie manchmal Angst?

Frau Strauß: Ich kriege höchstens auf die Veranstalter eine Wut, wie damals in Essen. Da höflich zu bleiben, das fällt mir schwer.

Nowottny: Wie lange sind Sie schon in der Partei?

Frau Strauß: Überhaupt nicht. Als Frau meines Mannes gehöre ich sowieso dazu.

Nowottny: Sind Sie eine politisch denkende Frau?

Frau Strauß: Ja, aber keine Politikerin. Das war ich nie!

Nowottny: Wenn ich Ihren Mann im Fernsehen sehe, denke ich oft, daß es doch mühsam

Für jeden Arm einen Sohn – die erste Lederhose, die Max trägt, markiert den zeitlichen Abstand zum jüngeren Bruder Franz Georg

An der Seite eines Mannes, dem es an politischen Gegnern vor allem in seiner Zeit als Verteidigungsminister nicht gefehlt hat – Optimismus und Tapferkeit waren bestimmende Wesenszüge von Marianne Strauß.

Geschwisterliches Trio – der beste Platz ist bei der Mutter

Marianne Strauß mit Schwägerin Maria, Schwiegermutter Walburga Strauß und einer Bekannten der Familie – im Mittelpunkt der Aufmerksamkeit Sohn Max

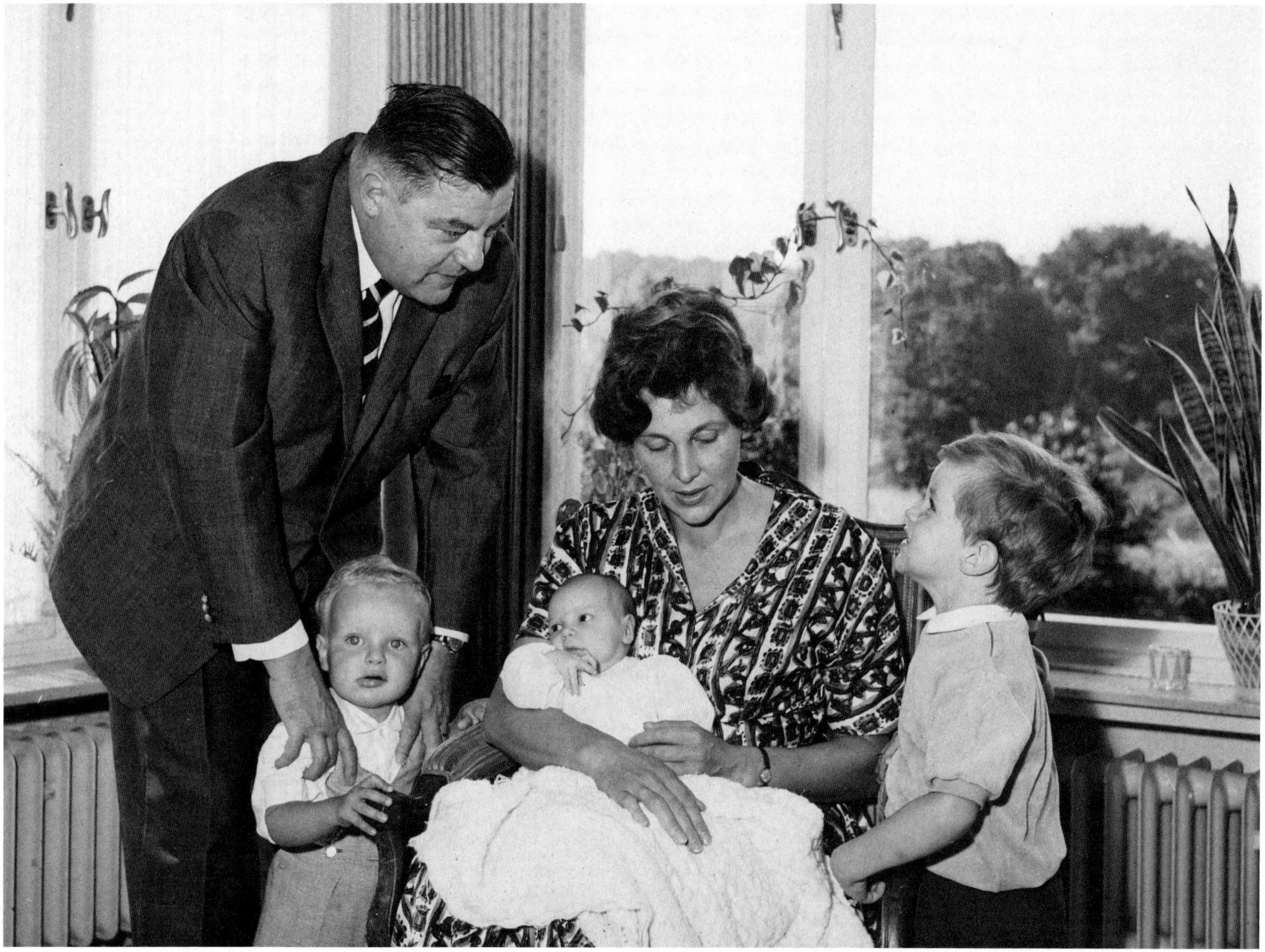

Familienbild – im Zentrum der Aufmerksamkeit Tochter Monika

Gesellschaftliche Verpflichtungen an der Seite eines prominenten Politikers – für Marianne Strauß in ihrer fröhlichen Herzlichkeit nie ein Problem

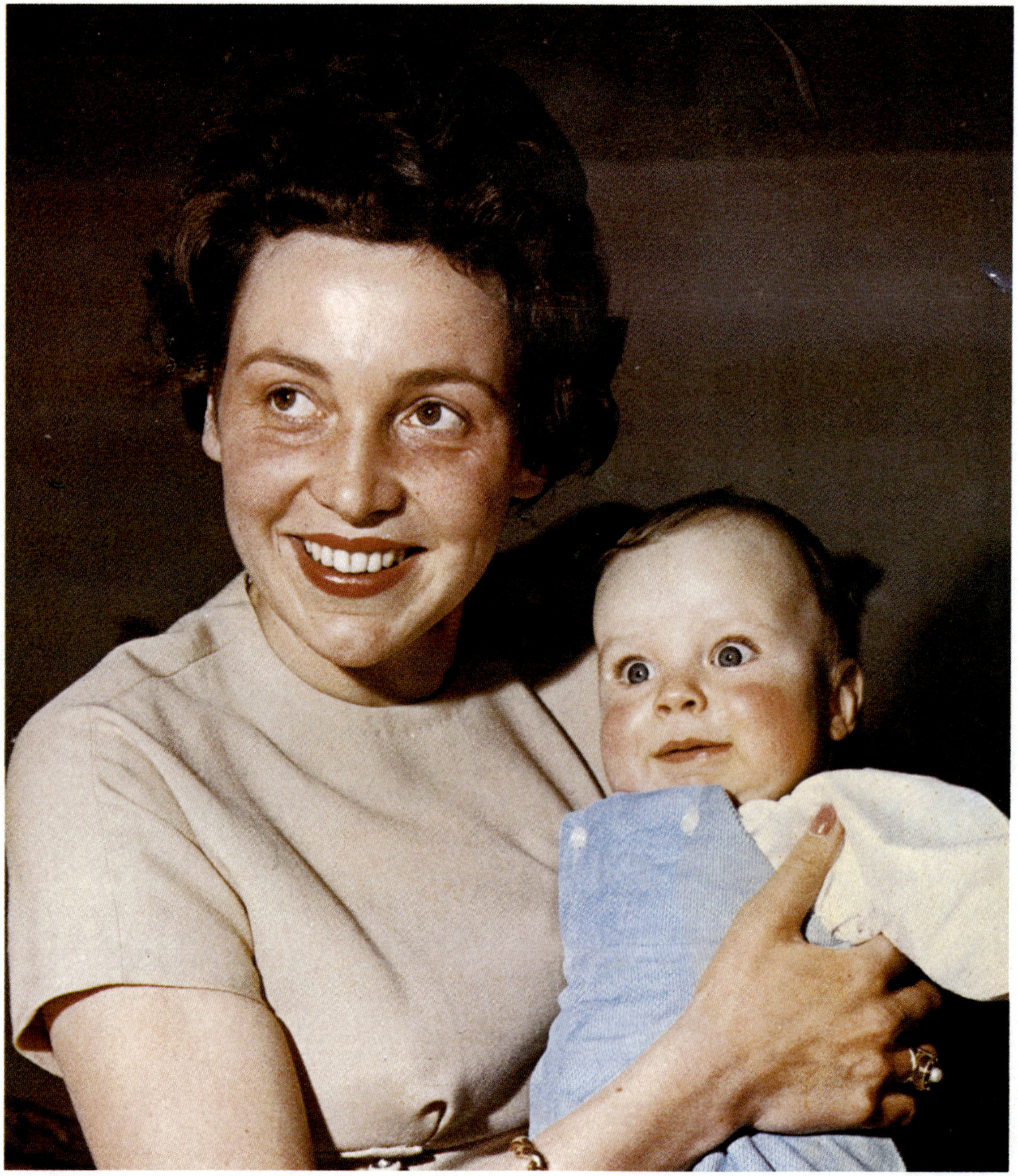

Marianne Strauß mit Sohn Max . . .

sein muß, ständig gegen Klischees anzukämpfen. Was sagen Sie zu den Klischees über Ihren Mann?

Frau Strauß: Er ist der meistverleumdete Mann in Deutschland. Das ist klar.

Nowottny: Nun ist er auch ein Mann mit viel Temperament, der aus seinem Herzen keine Mördergrube macht . . .

Frau Strauß: Ja, aber das Ergebnis dieser Hetze sind dann diese Herren in den grauen Anzügen, die wir jetzt im Parlament haben.

Nowottny: Sie selbst sind Diplom-Volkswirtin. Haben Sie diesen Beruf ausgeübt?

Frau Strauß: Nur zu Hause, eineinhalb Jahre etwa, in der Brauerei meines Vaters.

Nowottny: Was geben Sie jetzt als Berufsbezeichnung an?

Frau Strauß: Ehefrau, weil ich das für einen Beruf halte.

Nowottny: Kochen Sie auch für Ihren Mann?

Frau Strauß: Ja, wenn es sich ergibt, wenn er es sich wünscht.

Nowottny: Und dann wird er auf Diät gesetzt?

Frau Strauß: Nein, er mag und ißt, was gut schmeckt.

Nowottny: Er ist also ein guter Futterverwerter. – Wie macht Ihr Mann eigentlich seine Reden?

Frau Strauß: Er schreibt sie selbst auf. Er hat ja eine akribische, beinahe umständlich zu nennende Arbeitsweise. Er liest unendlich viel. Damit ist er voll beschäftigt, und das liebt er. Er hat dann einen Wust von Zeug um sich herum. Natürlich bekommt er sehr oft eine Rede geliefert.

Nowottny: Einen Entwurf?

Frau Strauß: Ja, den findet er auch recht gut, aber dann schreibt er etwas völlig Neues.

Nowottny: Ich habe den Eindruck, wir leben

in einer Republik, in der alles und jeder schlechtgemacht wird.

Frau Strauß: So ist es leider und das ist schrecklich.

Nowottny: Woher könnte denn der Anstoß zu einer positiven Betrachtung dieser immer komplizierteren Welt kommen? Vielleicht aus Bayern? Die Bayern haben doch mehr Frohsinn.

Frau Strauß: Nur ist die Darstellung der Bayern in der Öffentlichkeit wie zum Beispiel der Simpel mit dem Mords-Bierkrug in der Hand und dem blöden Gesichtsausdruck gar nicht so lustig. Aber tröstlich ist wiederum, daß viele Bundesbürger ihr Häuschen in Bayern haben, nicht nur „Schwarze", sondern auch viele „Rote".

Nowottny: Denkt Ihr Mann vielleicht daran, Aufenthaltsgenehmigungen für Nordlichter auszugeben und den Zuzug zu stoppen?

Frau Strauß: Daran denkt doch kein vernünftiger Mensch. Und mein Mann ist liberal. Vergessen Sie nicht, daß er vor der Landtagsfraktion der CSU vor einigen Jahren in einem Vortrag über die Brandtsche Ostpolitik gesagt hat: „Wir Bayern müssen bereit sein, wenn die Geschichte es erfordert, notfalls die letzten Preußen zu werden." Dabei hat sein Großvater 1866 bei der bayerischen Armee als Kavallerist gegen die Preußen gekämpft.

. . . und noch einmal

Menschliches Verständnis und tatkräftige Hilfe

Marianne Strauß war auf allen Feldern der Hilfe für die Mitmenschen tätig. Einen Schwerpunkt aber bildete ihr Einsatz für die Multiple-Sklerose-Kranken. Am 18. Juni 1980 wurde dies bei einem Informationsabend des Sozialwerks der Deutschen Multiple-Sklerose-Gesellschaft, Landesgruppe Bayern, über das Multiple-Sklerose-Behandlungszentrum Kempfenhausen besonders deutlich.

Ich freue mich, daß Sie der Einladung des Sozialwerks der Deutschen Multiple-Sklerose-Gesellschaft in Bayern gefolgt sind. Sie bekunden damit mitmenschliches Verständnis für das Schicksal der Multiple-Sklerose-Kranken. Und ich bin sicher, daß ich Ihren Besuch auch als ein Zeichen des Interesses an unserer Arbeit und vor allem als ein Zeichen der Bereitschaft tatkräftiger Mithilfe bei der Errichtung des Multiple-Sklerose-Behandlungszentrums in Kempfenhausen sehen darf. Seien Sie herzlich willkommen!

Worum es heute abend geht, das haben Sie unserer Einladung entnommen: Wir suchen Freunde für ein MS-Behandlungszentrum, das in den nächsten Jahren in Kempfenhausen entstehen soll. Wer von uns möchte schon einen guten Freund missen? Wir schätzen Freunde, weil sie uns so nehmen, wie wir sind. Wir schätzen einen Freund, weil er uns menschlich versteht und Zeit für uns hat. Und wir erkennen einen Freund auch daran, daß er uns in der Not hilft. Wir alle wissen Freundschaft zu schätzen! Wir alle brauchen Freunde!

Um wieviel mehr muß dies für Kranke oder Behinderte gelten. Auch sie brauchen mitmenschliches Verständnis und tatkräftige Hilfe

Interessiert-kritische Zuhörer – der Bundesfinanzminister und seine Frau

als Zeichen der Freundschaft. Wir dürfen uns weder als Sozialstaatsbürger noch als Christen mit dem, was staatliche Sozialpolitik leisten kann, zufriedengeben.

Ich meine damit nicht den Umfang des Sozialbudgets, sondern vielmehr das persönliche mitmenschliche Engagement und die freiwilligen Spenden, die unser Leben erst sozial und human machen.

In der Sozialpolitik wurde gerade in Bayern in den letzten Jahren für die Behinderten Erhebliches geleistet. Mit dem ersten bayerischen Landesplan für Behinderte hat die Bayerische Staatsregierung sich als erstes Bundesland überhaupt der Behinderten angenommen. Seit 1975 werden jährlich zwischen 25 und 30 Millionen DM für die Behindertenarbeit in Bayern ausgegeben. Davon profitiert seit dem vergangenen Jahr auch unsere Gesellschaft. Wir sind dankbar, daß die uns zugebilligten Haushaltsmittel in diesem Jahr spürbar steigen, so daß wir unsere Maßnahmen zur gesellschaftlichen Integration von Multiple-Sklerose-Kranken erfreulich verstärken können. Wer das Schicksal von Multiple-Sklerose-Kranken verfolgt, wer die außerordentliche Belastung ihrer Angehörigen kennt, der weiß, daß diese staatlichen Zuschüsse bei 3300 von uns erfaßten MS-Kranken allenfalls eine finanzielle Grundausstattung sein können. Wie andere Betreuungsverbände sind auch wir auf die Unterstützung verständnisvoller und engagierter Mitbürger angewiesen. Dies gilt auch für das Behandlungszentrum in Kempfenhausen, das wir initiiert haben und nun verwirklichen wollen.

Bislang haben wir nur zwei Krankenhäuser, die sich speziell auf Multiple-Sklerose-Kranke eingestellt haben: Ebenhausen und Rummelsberg. Wir sind dankbar für diese beiden Behandlungsmöglichkeiten, aber auf Dauer benötigen wir auch in Bayern ein Behandlungszentrum, das ganz speziell auf die therapeutischen Bedürfnisse von Multiple-Sklerose-Kranken zugeschnitten ist. Deshalb begrüßen wir es, daß der Krankenhaus-Planungsausschuß beim Bayerischen Sozialministerium der Umwandlung des Krankenhauses in Kempfenhausen zu einem MS-Behandlungszentrum zugestimmt hat. Damit sind die Würfel für eine Einrichtung gefallen, in der alle heute bewährten Methoden der Langzeittherapie angewendet werden sollen. Den wesentlichen Anteil an der Finanzierung des Behandlungszentrums wird der Staat wie auch bei allen anderen Krankenhäusern zu tra-

Die Eltern mit den Söhnen Max und Franz Georg

Im Wohnzimmer in Rott am Inn – die Familie Strauß

Winterliches Familienvergnügen

Mütterlicher Trost für die Tochter Monika

Ausfahrt in Rott – Marianne und Franz Josef Strauß mit den Söhnen Max und Franz Georg und der Nichte Barbara Wasum

Geborgenheit in abendlicher Familienrunde

gen haben. Ob Kempfenhausen über die Grundausstattung hinaus aber ein optimales und patientenfreundliches Behandlungszentrum wird, das liegt an unserem Engagement und vor allem unserer finanziellen Mithilfe. Deshalb unsere Bitte an Sie: Helfen Sie uns, daß es unseren Multiple-Sklerose-Kranken in Kempfenhausen künftig an nichts fehlen wird, was ihnen ihre Krankheit erträglicher macht!

Helfen Sie mit, daß das Behandlungszentrum in Kempfenhausen so ausgestattet sein wird, daß unsere Multiple-Sklerose-Kranken sich dort auch wohlfühlen können!

Nachfolgend werden Ihnen Professor Schrader und Frau Pia Näbauer über Notwendigkeit und Konzeption der geplanten Spezialklinik berichten. Meine Aufgabe ist es, Ihnen für Ihr Verständnis und Interesse zu danken. Meine Aufgabe ist es aber vor allem, Sie um Ihr Engagement für diese gute Sache zu bitten, das sich auch in einer großzügigen Spende ausdrücken möge. Wir möchten Sie selbstverständlich als Freunde des Multiple-Sklerose-Behandlungszentrums weiterhin über den Fortgang unserer Bemühungen unterrichten. Wir haben ein weißblaues Buch aufgelegt, in dem Sie durch den Eintrag Ihres Namens und Ihrer Adresse Ihr Interesse an unserem Behandlungszentrum bekunden können.

Lassen Sie mich bereits im voraus für Ihre Mithilfe danken! Lassen Sie mich danken im Namen der Tausenden von Multiple-Sklerose-Kranken und ihren Angehörigen, die ihr schweres Schicksal mit Kraft und Lebensmut meistern!

Ein Plädoyer für die Mütter

Die Mutter als Herzstück der Familie – Marianne Strauß hat darauf immer wieder mit aller Nachdrücklichkeit hingewiesen. Sie tat es auch, als sie am 16. Oktober 1981 bei der Einweihung des Müttergenesungsheims „Sankt Stilla" des Caritasverbandes für die Diözese Eichstätt in Marienstein die Festansprache hielt.

Zunächst möchte ich mich sehr herzlich bei Ihnen für Ihren liebenswürdigen Empfang bedanken, ich habe mich sehr darüber gefreut. Eine große Ehre waren für mich auch die so nachhaltig und zahlreich vorgetragenen Bitten, die Festansprache anläßlich der Einweihung Ihres langersehnten Müttergenesungsheimes „Sankt Stilla" zu halten.

Obwohl ich keine professionelle Rednerin bin, bin ich diesen Bitten gerne nachgekommen, weil ich mich aus mehreren Gründen in die Lage der Frauen versetzen kann, für die dieses Haus errichtet wurde. Ich schöpfe meinen Mut einerseits aus der Tatsache, daß ich selbst drei Kinder zu lebenstüchtigen Menschen großziehen durfte, obwohl der Vater nur wenig zu Hause war. Ich nehme meinen Mut aber auch aus der sozialen Verantwortung, die mir als Frau des Bayerischen Ministerpräsidenten einerseits und als Vorstandsmitglied des Caritasverbandes der Nachbarerzdiözese München und Freising zugewachsen ist.

Wie Sie vielleicht wissen, gilt meine besondere Aufmerksamkeit nicht nur den Alten, den Kranken und den Behinderten einerseits, sondern vor allem auch der jungen Familie. Und

Max

Franz Georg

Monika

Die Familie Strauß in ihrem Heim in München-Sendling

Am 16. Oktober 1982 heiratet in der Münchner Peterskirche Monika Strauß den Diplomkaufmann Michael Hohlmeier.

Urlaub in Südfrankreich – Franz Josef und Marianne Strauß mit Tochter Monika und Schwiegersohn Michael vor der Kirche im Wald von Les Issambres

Nach Abitur und Lehrzeit schließt Monika ihre Ausbildung mit der Prüfung zum Hotelfachkaufmann ab – die Freude der Eltern ist offensichtlich.

Händedruck unter Geschwistern – Monika und Max mit der Mutter

hier sind es gerade die Mütter mit kleinen oder heranwachsenden Kindern, die großen Problemen gegenüberstehen. Verständnis und Hilfe seitens unserer Gesellschaft sollten die Grundhaltung unseres Gemeinwesens gegenüber den Müttern sein. Durch dieses Verständnis aber sollen die Mütter keineswegs zu Almosenempfängern degradiert werden, sondern nur in einer Situation Anerkennung finden, die durch Beruf, Hausarbeit, Schwierigkeiten bei der Erziehung und oft auch im finanziellen Bereich gekennzeichnet ist. Unser Gemeinwesen muß den Weg zurück zu einer vernünftigen und kinderbejahenden Gesellschaft finden.

Ihr Haus liegt inmitten des Naturerholungsparks Altmühltal, auf einem einmalig schönen Grundstück mit einem herrlichen Blick auf die Willibaldsburg und die Stadt Eichstätt. Dieser äußere Rahmen sowie die Räumlichkeiten und Einrichtungen des Hauses, die ich bisher gesehen habe, berechtigen zu der Hoffnung, daß sich Mütter und Kinder hier wohlfühlen und sich körperlich und seelisch von den Belastungen des Alltags erholen können. Der Caritasverband hatte nicht nur die finanzielle Kraft, ein neues Müttergenesungsheim zu errichten, sondern – was wesentlich mehr zählt – den Mut, durch eine enge Kooperation zwischen dem überregionalen Beratungs- und Therapiezentrum des Kinderdorfes in diesem Müttergenesungsheim ein Modell für moderne Jugend- und Familienhilfe zu erproben. Hierzu möchte ich Sie auch im Namen meines Mannes sehr sehr herzlich beglückwünschen.

Es überrascht mich nicht, daß das Haus vom ersten Tag an bereits voll ausgebucht war. Diese rege Nachfrage bestätigt eindrucksvoll, daß gerade heute für Mütter ein großes Bedürfnis nach physischer und psychischer Erholung besteht. Zwar besteht für viele unserer Mitbürger eine

Routinebild am Flughafen – immer wieder bricht Marianne Strauß mit ihrem Mann, den weltweit gefragten Politiker, zu neuen Reisezielen auf.

Gespräch mit Eugen Roth – zur Hochzeit von Marianne und Franz Josef Strauß hatte der Schriftsteller mit einem bemerkenswerten literarischen Glückwunsch aufgewartet.

Fülle von Urlaub und Freizeit, wie sie fast nirgendwo auf der Welt so anzutreffen sind. An diesem Wohlstand nehmen unsere Mütter vielfach nur in bescheidenem Maße teil. Sie stehen mit ihren Kindern nur allzu oft auf der Schattenseite des Lebens.

Ein Schandfleck unserer pluralistischen Gesellschaft ist es, daß die Emanzipationsideologen die Hausfrau und Mutter, die mit Hingabe und menschlichem Feingefühl und auch manchem Verzicht Kinder zu lebenstauglichen Bürgern erzieht, ihrer öffentlichen Wertschätzung und Anerkennung beraubt haben. Eine der Folgen ist die sattsam bekannte Dreifachbelastung durch Haushalt, Kindererziehung und Beruf. Und deren Folgen sind wieder drastisch gesunkene Zahlen der Eheschließungen und vor allen Dingen der Geburten. Es werden nur noch etwa 90 Prozent der Erstkinder geboren, 40 Prozent der Zweitkinder, die dritten und vierten fehlen fast zur Gänze.

Viele Mütter sind überfordert und übermüdet. Dies hat viele Gründe. Ich darf einige herausgreifen.

Die Berufstätigkeit von Müttern ist in den letzten Jahren vorwiegend aus finanziellen Gründen erheblich angestiegen. Während noch 1961 – also zu einer Zeit als ich kleine Kinder hatte – nur ein Drittel aller Mütter mit Kindern unter 15 Jahren einer außerhäuslichen Berufstätigkeit nachgehen mußten, sind es jetzt bereits etwa die Hälfte aller Mütter. Von den berufstätigen Müttern aber waren nur etwa die Hälfte ganztags erwerbstätig. Ich gehöre nicht zu denjenigen, die leichtfertig diesen berufstätigen Müttern Vorwürfe machen und sie an den heimischen Herd zurückscheuchen möchten. Die meisten jungen Mütter würden liebendgerne zu Hause bleiben, wenn sie es sich nur leisten könnten. Tatsächlich unterschreitet die Familie eines normal verdienenden Arbeiters oder jungen Angestellten mit ein bis zwei Kindern bereits die Sozialhilfeschwelle, je nachdem wie hoch die Miete, Nebenabgaben und Heizung gerade sind. Nur dort, wo die ältere Generation mithilft, ist noch ein Auskommen möglich.

Die Familienpolitik ist jahrelang zu kurz gekommen. Deshalb hat sich mein Mann auch ganz energisch gegen die Bonner Sparpläne gerade im Bereich der Familie ausgesprochen. Wer deren finanzielle Nöte kennt, kann darüber nur den Kopf schütteln.

Das Ansehen der Frau und Mutter in der Familie wurde in den letzten Jahren durch die Emanzipationsideologie weitgehend öffentlich ruiniert. Die Diskriminierung der Hausfrau und Mutter ist aber ein Teil des Gesamtangriffs auf die Familie. Die Zerstörung der Familie ist von diesen Ideologen gewollt und wird von vielen ahnungslosen Männern und Frauen, vor allen Dingen der älteren Generation, leider mitgemacht. Freilich geht es unserer Jugend heute viel besser als früher, freilich fallen ihr keine Bomben mehr auf den Kopf, niemand braucht zu hungern und zu frieren, keiner ist schauerlichsten Kriegsereignissen ausgesetzt. Wir alle können und wollen dem Herrgott wirklich dafür danken, daß wir seit 1945 in Frieden leben können.

Aber die Älteren sollten auch sehen, daß Familiengründung eigentlich nur noch bei gehobenen und vermögenden Schichten problemlos möglich ist. Die linken Ideologen haben hier ganze Arbeit geleistet. Man kann es kaum fassen mit welcher Leichtfertigkeit und welcher Herzenskälte Linke, Soziologen und Futurologen die Familie „zerreden" und „zerschreiben". Man frohlockt: „Die Kernfamilie, die Stütze der Industriegesellschaft zerbricht." Und stellt weiter fest: „Als Modell, an der sich die Gesellschaft zu orientieren hat, kann die Kernfamilie nicht mehr dienen."

So einfach ist das: Mit einem Federstrich wird die Familie, die wesentlichste Lebenseinheit in der Menschheitsgeschichte zum alten Eisen gelegt. Ich bin sicher, daß es vor allen Dingen die christliche Familie ist, die überleben wird. Der Zusammenhalt der Generationen untereinander sollte allerdings besonders von kirchlicher Seite her und mit größter Autorität gefördert werden.

Auch sollte man zur Kenntnis nehmen,

– daß die Umfunktionierung der Frau zum Ersatzmann mit Selbstverwirklichung nichts zu tun hat;

– daß viele beruflich tätige Mütter mit ihren kleinen Kindern im Grunde genommen bittere seelische Not leiden, weil sie einander einfach brauchen. Die Zahl der psychisch geschädigten Kinder nimmt immer weiter zu, sie ist längst zu einem ernsten Problem in den Schulen geworden;

– daß es kaum eine menschlich anspruchs-

Erfahrung von Marianne Strauß von Beginn ihrer Ehe an – partnerschaftlicher Einsatz an der Seite des Mannes auf dem weiten und vielfältigen Feld der Politik. Wahlkampfreisen des Nachts gehören dazu.

Gespräch mit Prof. Ludwig Erhard – schon im Frankfurter Wirtschaftsrat hatte Franz Josef Strauß an Erhards Seite für die Einführung der Sozialen Marktwirtschaft gekämpft. Auch der Vater von Marianne Strauß, Dr. Max Zwicknagl, war Mitglied des Wirtschaftsrates.

vollere und heutzutage schwierigere Aufgabe gibt, als Kinder zu selbständigen, lebenstüchtigen und lebensbejahenden Christen zu erziehen.

Jeder unvoreingenommene Bürger kann es in dieser Situation nur begrüßen, wenn unser Papst in seiner neuesten Sozialenzyklika ausdrücklich eine familiengerechte Bezahlung des Arbeitnehmers verlangt. Dieser Forderung sollten sich auch unsere Gewerkschaften anschließen. Auch ihnen sollte die Sorge um die Zukunft unseres Volkes nicht gleichgültig sein.

Die familienfeindliche Politik der Bundesregierung sowie die mütterfeindliche Haltung der Gewerkschaften, können durch die Bayerische Staatsregierung nur bescheiden abgemildert werden – so gibt es seit Ende 1978 das „Landeskinderdarlehen". Dazu gibt es die finanziellen Leistungen aus dem Bereich der Landesstiftung „Hilfe für Mutter und Kind". Die Kosten für diese beiden Maßnahmen belaufen sich auf jährlich etwa 115 Millionen DM. Flankierend kommen hinzu zum Beispiel die Ausgaben für die Müttererholung in Höhe von etwa 2 Millionen DM in diesem Jahr. Auch im Sparhaushalt 1982 wird daran nichts geändert werden.

Dies ist aber nur ein Teil der Gelder, die alljährlich in Bayern für die Müttererholung aufgewendet werden. Hier in Eichstätt war es das finanzielle Engagement der Erzdiözese und des Caritasverbandes der Diözese, wodurch dieses Haus neu eröffnet werden konnte. Es ist ein sichtbares Zeichen dafür, daß Subsidiarität in Bayern kein sozialpolitisches Lippenbekenntnis, sondern ein Stück sozialpolitischer Wirklichkeit ist.

Dafür darf ich Ihnen – auch im Namen meines Mannes herzlich danken. Er hat stets an dem Grundsatz christlich-sozialer Sozialpolitik festgehalten, Subsidiarität und Eigenverantwortung zu fordern und auch zu fördern. Der gesamte Sozialhaushalt Bayerns beträgt deshalb immer noch über eine Milliarde Mark.

Dies erweist sich gerade jetzt, wo der Sozialstaat an die Grenzen seiner Möglichkeiten stößt, als großer Vorteil. Hätte man in den letzten Jahren die Aufgaben und Leistungen der Wohlfahrtsverbände nicht unterstützt, so käme man jetzt um drastische Kürzungen und einschränkende Maßnahmen nicht herum. Vieles könnte überhaupt nicht mehr durchgeführt werden.

Deswegen können die Wohlfahrtsverbände auch in Zukunft auf die Unterstützung und Hilfe durch den Freistaat Bayern rechnen.

Der Staat vertraut auf Ihr tatkräftiges Engagement, und dies ist vor allen Dingen die Stärke der Wohlfahrtsverbände auf christlicher Grundlage. Wenn Sie diese Stärke bewahren, wenn Sie bewußt aus Ihrem Glauben heraus hilfsbedürftigen Menschen sich zuwenden, dann wird dies allen zum Segen gereichen. Mögen in den nächsten Jahren möglichst viele Mütter und Kinder leiblich und auch seelisch gestärkt werden.

Die Frau an seiner Seite

Für die Bundestagswahl des Jahres 1980 war Franz Josef Strauß von CDU und CSU als Kanzlerkandidat nominiert worden. Für Marianne Strauß bedeutete dies zusätzlichen Einsatz. Mit der ihr eigenen Glaubwürdigkeit und Offenheit kämpfte sie für ihren Mann und für die bessere politische Sache. Im „Bayernkurier" beschrieb Wilfried Scharnagl einen Wahlkampftag von Marianne Strauß.

In Ulm und um Ulm und um Ulm herum – der gängige zungenbrechende Stolperstein ist kein Hindernis für Marianne Strauß. In doppelter Eigenschaft ist sie an diesem Spätsommertag, von seinen Farben her geradezu aus dem weiß-blauen Musterbuch genommen, unterwegs, wobei die Donau nicht nur die Landesgrenze, sondern auch, in diesem Fall, die Funktionsgrenze in Marianne Strauß markiert: Auf dem einen Ufer, dem bayerischen, in Neu-Ulm, ist sie die Frau des bayerischen Ministerpräsidenten Franz Josef Strauß, auf dem anderen, dem baden-württembergischen, in Ulm, die Frau des Kanzlerkandidaten Franz Josef Strauß.

Marianne Strauß ist zu spontan, als daß die Pflichten, die sie seit mehr als zwei Jahren als Frau des bayerischen Regierungschefs zu erfüllen hat, in lustloser Routine verkümmern und in protokollarischem Zwang verkrusten könnten. Die Volksverbundenheit, die Nähe zum Bürger, die der Partei ihres Mannes, der CSU, in Bayern seit Jahrzehnten zu Wahl-Traumergebnissen verhilft, zu denen es in keinem anderen Bundesland und bei keiner anderen Partei irgendwelche Vergleiche gibt, kennzeichnet auch Frau Strauß.

Bundestagswahlkampf 1957 – Marianne Strauß ist dabei.

Im Antiquarium der Münchner Residenz ...

... wo Strauß später als Bayerischer Ministerpräsident ...

... Hausherr werden sollte ...

Der herzliche Beifall, der sie an diesem Tag begrüßt, als sie zur Eröffnung einer Blumenschau in Neu-Ulm eintrifft, weckt bei ihr aufrichtige Freude, weckt Lächeln, das glaubwürdig wirkt, weil es echt ist. Auf den Namen „Marianne Strauß" tauft sie die Neuzüchtung einer Dahlie. Was sie sagt und wie sie es sagt, findet Anklang deshalb, weil die Worte passen und der Ton stimmt, weil sich Marianne Strauß nicht inszeniert, sondern sich so gibt, wie sie ist: offen, bereit zum Zuhören, entschlossen, nur das zu sagen, was sie denkt. Hintersinnige und umwegreiche Diplomatie ist nicht ihre Sache.

Gerade aber auch daher rührt der Erfolg, den sie bei solchen Auftritten für sich und selbstverständlich auch für ihren Mann und dessen Sache zu verzeichnen hat. Marianne Strauß, die großgewachsene Fünfzigjährige, ist nicht Anhängsel. Neu-Ulms Oberbürgermeister Peter Biebl trifft Entscheidendes, als er sie, die mit der Tochter Monika unterwegs ist, als „wesentlichen Teil der Familie Strauß" begrüßt. Wenn sie die Grüße eben dieses Strauß' überbringt, wenn sie – „Der Mensch lebt nicht vom Brot allein" – vom Platz der Blume im menschlichen Leben spricht, wenn sie artig dem von Schülern gespielten Trio in F-Dur für Gitarre, Violine und Violoncello lauscht, wenn sie die lokale politische Prominenz mit Herzlichkeit und Charme begrüßt – dann gewinnt der persönliche Rang dieser Frau Konturen, dann wird die Verankerung in einem gesunden Selbstbewußtsein spürbar, dann wird deutlich, welchen Platz sie – „Ich bin nur die Frau an seiner Seite" – im Leben des Franz Josef Strauß hat.

Besonders deutlich wird dies ein paar hundert Meter weiter, jenseits der weißblauen Landesgrenze, in Ulm. In das „Neutor-Hospiz" hat die Frauenvereinigung der örtlichen CDU eingeladen zum Gespräch mit der Frau des Politikers, der wie kein anderer in der Bundesrepublik Deutschland zur persönlichen Stellungnahme zwingt. Schwäbische Bedächtigkeit und CDU-Vorsicht haben für diesen Termin einen Saal wählen lassen, der sich von seinem Fassungsvermögen her als völlig unzulänglich erweist. Qualvolle Enge, stehende Zuhörer, Spitzen-Temperaturen prägen das Klima, aufgeladen zusätzlich von den gleißenden Scheinwerfern des Fernsehens, das an diesem Tag Frau Strauß unablässig auf der Spur ist. „Mein Leben mit dem Ungeheuer" wird die „Report"-Redaktion den dabei zustandegekommenen Bericht Tage später nennen.

„Warum kommt diese Frau hierher?" – Marianne Strauß stellt diese Eröffnungsfrage selbst. Sie ist nicht „letzte Heimwehr, nicht Zusatz- oder Ersatzpolitikerin". Sie ist – und kein Hauch von Selbstmitleid schwingt dabei mit – „die Ehefrau des meistverleumdeten Politikers der Bundesrepublik Deutschland". Die Frage, die sich in der Diskussion mehrfach stellen wird und die überall im Lande, wo sie in diesem Wahlkampf auftritt, gestellt wird, findet prompte Antwort: „Der innere Zusammenhang unserer Familie funktioniert, Franz Josef Strauß ist bei uns nichtpolitische Leistungseinheit. Das gibt uns Kraft, die Verleumdungen zu ertragen, mit denen mein Mann und wir, seine Familie, zu leben gezwungen sind."

Der Rang der Familie, ihr Stellenwert im Leben des einzelnen, ihre Bedeutung für die Kinder – Marianne Strauß liefert die praktische Ausfüllung dessen, was sich CDU und CSU, die ihr Mann in die Wahlentscheidung des 5. Oktober führt, als familienpolitischen Schwerpunkt für die Zukunft gesetzt haben. Die Familie als Hort des Vertrauens, als Platz vertrauensvollen Zusammenlebens, der Vater als Freund und Berater der Kinder – Worte, die, von jemand anderem gesprochen, zu hoch und deshalb vielleicht hohl klingen könnten, bei der praktisch-zupackenden Art von Marianne Strauß, die Unbequemlichkeiten nicht ausweicht und sich auch bohrenden Fragen stellt,

. . . schon viele Jahre vorher fröhliche Gemeinsamkeit:

Freude über eine Rose.

werden sie geglaubt. Vor den Zuhörern in Ulm spricht hier nicht die Frau eines weitentfernten Spitzenpolitikers, sondern – wenn es das in dieser Unbedingtheit geben sollte – eine „Normalfrau". Eine Frau, die die Wirklichkeit unserer Zeit, ihre Schwierigkeiten, ihre Nöte kennt, die sich aber gerade deshalb dagegen wehrt, daß alles problematisiert wird. Eine Frau, der zu dem Wort „Kinder" nicht zuerst der Gesichtspunkt „Problem" einfällt, sondern die dabei an Freude und Glück denkt. Nur vordergründig allerdings könnte durch solche Positionen der Marianne Strauß das flinke Vorurteil eines Geredes von der „heilen Welt" provoziert werden. Daß aber eine unheile Welt möglichst wieder heil wird, darin sieht sie nicht nur einen allgemeinen politischen Auftrag, sondern die Pflicht jedes einzelnen Menschen. Auch hierzu diskutiert Frau Strauß nicht mit abstrakter Theorie und Analyse. Sie erzählt Praktisches: von ihrer Arbeit in der Caritas, von ihrem Einsatz als Schirmherrin der Multiple-Sklerose-Gesellschaft, von ihrer Tätigkeit im Elternbeirat des Gymnasiums ihrer Kinder, das bezüglich der Integration von behinderten Schülern einen Modellfall darstellt, von ihrem Engagement in der Landesstiftung Mutter und Kind, die sich in besonderer Weise der Nöte lediger und verheirateter Mütter annimmt. Marianne Strauß zum hier hereinspielenden Paragraphen 218: „Mein

Politik als ständige Überzeugungsarbeit – 27 Jahre wurde Franz Josef Strauß dabei von seiner Frau Marianne unterstützt.

Mann und ich werden uns nie mit der sozialen Indikation, mit der Abtreibung aus wirtschaftlichen Gründen also, abfinden." Allerdings, mit einer Änderung von Paragraphen, wie sie in der Diskussion gefordert wird, hat Frau Strauß nichts im Sinn. Ihr geht es darum, daß bei diesem Thema das persönliche Schicksal gesehen, daß nicht der einzelne Mensch in die Ausweglosigkeit getrieben, daß die Herausforderung zur Hilfe hier vom einzelnen und von der Gesellschaft angenommen wird.

Die jungen Zuhörer horchen auf, Strauß-Schablonen, die unbesehen von Franz Josef auf Marianne übertragen werden, zerbrechen. Sie tun es nicht nur an diesem Punkt. Was Frau Strauß zum Drogenproblem sagt, zu den Mauern, die alleinerziehende Mütter oder Väter überwinden müssen, zum Verlust der Leitbilder für die Jugend, das hat mit starren oder überholten Betrachtungsweisen nichts zu tun. Hier spricht eine Frau, die aus vielfachen Begegnungen und aus vielfachem Einsatz weiß, wo gerade Angehörige der jungen Generation der Schuh drückt. Ihre Rezepte zur Abhilfe flüchten sich nicht in ideologische Unverbindlichkeiten. Viele kleine Schritte sind es für sie, die dabei ein Stück auf dem Weg zur Besserung weiterführen: ein bißchen mehr Kinderliebe, ein bißchen mehr Hilfsbereitschaft, ein bißchen mehr Verständnis für die Jugend. Die Behutsamkeit des Urteils, die Ausgewogenheit, die entschlossene Weigerung, voreilige Schuldzumessungen vorzunehmen – Nachdenklichkeit der älteren, Überraschung der jüngeren Zuhörer sind die Reaktion.

Über vierzig Mal stellt sich Marianne Strauß in diesem Wahlkampf der Diskussion, kritischen und wohlwollenden Fragen. Es ist für sie jedesmal, auch hier in Ulm, eine neue Erfahrung. Seit 23 Jahren ist sie mit Franz Josef Strauß verheiratet. Im Jahr 1980, in dem ihr

Soldaten zu Gast beim Verteidigungsminister, Marianne Strauß als Gastgeberin. Links im Bild der damalige Oberst – und spätere General – Gerd Schmückle.

Souveräne Wahrnehmung gesellschaftlicher Verpflichtungen auf der Bonner Bühne – Marianne Strauß mit dem ehemaligen Bundesaußenminister Heinrich von Brentano und dem damaligen nordrhein-westfälischen Ministerpräsidenten Hanns Meyers.

Mann als Herausforderer des amtierenden Bundeskanzlers antritt, hat sie zum ersten Mal diesen Schritt in die Öffentlichkeit getan. Auch wenn das, was seit Jahren an verletzenden und bösen Angriffen auf ihren Mann niederprasselt, von der Familie mit größtmöglicher Gelassenheit ertragen wurde, so war es in diesen Monaten für Marianne Strauß einfach zuviel. Sie wollte nicht länger schweigen. Wenn sie gefragt wird, wie das mit Franz Josef Strauß und seiner Familie – neben Ehefrau Marianne und Tochter Monika die Söhne Max Josef und Franz Georg – wirklich ist, will sie Antwort geben. Diese Antwort wird aufmerksam gehört. Und diese Antwort wird gesucht – ein Vielfaches der Veranstaltungen mit Marianne Strauß wäre nach den schier zahllosen Einladungen, vor allem aus dem Norden, möglich gewesen.

Die funktionierende Familie im Hause Strauß hat aber auch in Wahlkampfzeiten Vorrang. Hektische Aufgeregtheit ist nicht die Sache von Marianne Strauß. Gelassen kommt ihre Antwort auf die Frage nach dem Wahlausgang, in welcher Position immer der Abend des 5. Oktober Franz Josef Strauß sehen wird: „Für mich bleibt er mein Mann und für die Kinder der Vater."

Eineinhalb Stunden später, nach Rückkehr in das Einfamilienhaus in München-Sendling, kommt die Bestätigung, daß Ulmer Bericht und Münchner Wirklichkeit übereinstimmen. Marianne Strauß sitzt auf der Veranda – spricht über den Tag, erörtert neue Termine, prüft Interview-Wünsche. Die Haustür geht. „Mami!" ruft der heimkehrende älteste Sohn Max Josef. Marianne Strauß lächelt: „Das ist so seit bald 20 Jahren – wenn die Tür aufgeht, kommt dieser Ruf."

Der Entschluß, in ein Altenheim zu ziehen

Marianne Strauß war immer wieder zu Gast bei jenen Mitbürgern, die in Altenheimen leben. Fragen, die dabei von den betroffenen Menschen gestellt werden, sprach Marianne Strauß am 16. November 1981 bei einem Besuch im Alten- und Pflegeheim des Caritas-Verbandes auf der Kolpingshöhe in Hof an.

Es ist für mich eine besondere Freude, heute in Ihrem Kreis eine nun schon lange bewährte Tradition fortsetzen zu können. Seit vielen Jahren besucht die Frau des Bayerischen Ministerpräsidenten Altenheime im ganzen Land, angefangen von den großen Städten bis hin zu kleinen Gemeinden. Heute bin ich Gast im Grenzland, bei Ihnen, in der Stadt Hof.

Ich begrüße Sie, meine lieben Heimbewohner, alle sehr herzlich und grüße Sie gleichzeitig auch von meinem Mann. Mein Besuch in Ihrem Heim soll mir helfen, Ihre Sorgen und Ihre Nöte kennenzulernen. Die unmittelbare Begegnung mit den Menschen ist immer noch die beste Gelegenheit, um zu erfahren, was Sie bedrückt. Deshalb hat mein Mann in über 30jähriger politischer Arbeit stets den unmittelbaren Kontakt zu Arbeitern, Angestellten und Unternehmern ebenso gesucht, wie zu Jung und Alt. Weil der Terminkalender eines Spitzenpolitikers diesem Bemühen immer Grenzen setzt, unterstütze ich darin meinen Mann mit meinen bescheidenen Kräften. So versuche ich mich zu informieren, Mut zu machen, aber auch vor allem Ihnen zuzuhören. Bitte sprechen Sie offen an, was Ihnen am Herzen liegt. Viele Bewohner Ihres Heimes haben ein besonders schweres Schicksal zu ertragen. Diese Menschen sind durch ihre Leiden ständig an das Bett gefesselt und können daher hier an unserer Begegnung nicht teilnehmen. Ich habe einige Männer und Frauen deshalb in ihren Zimmern aufgesucht und ihnen gesagt: Ihr seid nicht vergessen!

Lassen Sie mich einige Themen ansprechen, die, wie ich weiß, viele ältere Menschen bewegen. Dies sind: vor allem Gesundheit, menschliche Wärme und Geborgenheit im Alter, aber auch der Wunsch, im Alter noch etwas zu zählen und sich nützlich machen zu können.

Der Entschluß, in ein Altenheim zu ziehen, bedeutet im Leben sehr vieler Menschen einen Einschnitt. Oft ist er bestimmt von Krankheit, den Folgen eines Unfalls oder auch dem Verlust eines geliebten Menschen, von Ereignissen also, die dazu nötigen, die eigene Selbständigkeit bis zu einem gewissen Maße einzuschränken. Das Altenheim soll dann nicht nur hinsichtlich der äußeren Versorgung, sondern auch als echte

Den Überblick behalten – Marianne Strauß zwischen Bundeskanzler Kurt Georg Kiesinger und dem stellvertretenden CSU-Landesvorsitzenden Dr. Werner Dollinger.

Alles für die Katz . . .

Großveranstaltung – Marianne Strauß mit (von links) Richard Stücklen, Lothar Späth, Franz Josef Strauß, Alfons Goppel, Edmund Stoiber und Helmut Kohl.

Am 65. Geburtstag von Franz Josef Strauß – Freude bei Marianne Strauß über die Zustimmung und Zuneigung, die ihr Mann findet

menschliche Gemeinschaft das geben, wonach wir uns alle im Grund ein Leben lang sehnen: Geborgenheit.

Geborgenheit bedeutet auch das Freisein von Daseinsangst, bedeutet Vertrauen. Geborgenheit entsteht durch die gemeinsamen Bemühungen des Personals und der Bewohner eines Altenheims. Ich bin überzeugt, daß es hier gelungen ist, eine Atmosphäre zu schaffen, in der Sie sich alle wohlfühlen.

Wenn auch in den vergangenen Jahren in der Bundesrepublik Deutschland vieles, aber vor allem die Bevölkerungsentwicklung bergab ging, so war der Anteil der über 65jährigen Mitbürger in den letzten 100 Jahren in Deutschland noch nie so hoch wie heute. Dies liegt aber erfreulicherweise nicht nur an den leider ausbleibenden Kindern, sondern auch an der deutlich gestiegenen Lebenserwartung. Ohne den revolutionären technischen Fortschritt, ohne die ungeheuren Fortschritte der Medizin, wären viele ältere Mitbürger nicht mehr unter uns. Auch dies ist eine Erfahrung, ein Wissen, das Sie an Ihre Kinder, vor allem aber an Ihre Enkelkinder weitergeben sollten. Sie können so als lebendes Beispiel für den Nutzen naturwissenschaftlichen Fortschrittes mehr gegen den Pessimismus vieler junger Menschen und damit mehr für den Fortbestand unserer Kultur und Zivilisation bewirken als Hunderte von Schulstunden.

Junge Leute wollen heute weniger überredet als vielmehr überzeugt sein. Und gerade für den humanen Nutzen des naturwissenschaftlichen Fortschritts gibt es kein besseres Beispiel als die Fortschritte in der Medizin. Für die Fortschritte in der Medizin wiederum gibt es keine überzeugenderen Beweise als vitale und rüstige Senioren wie Sie.

Natürlich stellen sich bei fast allen mit dem Alter auch manche Beschwerden ein. Das ist

Wahltag . . .

Politischer Aschermittwoch in Passau – Franz Josef Strauß, MdB Klaus Rose, Marianne Strauß, Gerold Tandler: die Bayernhymne.

normal. Lassen Sie sich davon nicht unterkriegen! Wer von Ihnen seine eigenen Großeltern noch erlebt hat, wird mir zustimmen: Die meisten Rentner gehen heute rüstiger in den Lebensabend als ihre Vorfahren. Viele können ihn – Gott sei Dank – auch länger erleben als ihre Vorfahren.

Ein genauer Blick in die Statistik über die Lebenserwartung müßte auch einige Feministinnen unserer Tage etwas nachdenklicher stimmen. Frauen müssen auf dem Weg zur tatsächlichen Gleichberechtigung noch einige Hürden nehmen. Aber in einer – ich meine ganz wesentlichen – Lebensleistung haben wir die Männer schon lange überholt: im Alter. Die Männer bezahlen Hektik und Streß des Berufs u. a. mit einigen Lebensjahren.

In besonderer Sorge sind wir um die Erhaltung des Friedens in der Welt. In keinem Jahrhundert sind so viele Menschen getötet oder gewaltsam aus ihrer angestammten Heimat vertrieben worden, wie in unserem.

Auch nach dem Zweiten Weltkrieg sind Vertreibung und Flucht von Stämmen und Völkern nicht abgerissen. Zuletzt waren es Vietnamesen, das gequälte Volk Kambodschas und die Hunderttausende, die von Äthiopien in das arme, überforderte Somalia vertrieben worden sind. Es vergeht fast kein Tag, an dem uns nicht die Tagesschau Bilder der Friedlosigkeit, der Gewalt und der Unterdrückung ganzer Völker vor Augen führt. Seit sowjetische Truppen in Afghanistan stehen und seit der russische Schatten über Polen immer länger wird, wird auch mehr und mehr Bürgern in unserem Land bewußt, daß der Friede in Freiheit kein bloßes Geschenk ist.

Sie alle haben den Krieg und viele von Ihnen auch Vertreibung und Flucht am eigenen Leib erlebt. Unserer in Wohlstand und Frieden groß-

Marianne Strauß im Bundestagswahlkampf 1980 – Argumentieren für Franz Josef Strauß, den Kanzlerkandidaten von CDU und CSU

Szene auf vielen CSU-Parteitagen – Zusammenhalten

Wo immer Marianne Strauß mit ihrem Mann auftrat – ihre spontane Herzlichkeit gewann die Menschen.

Franz Josef Strauß dankt für den Beifall seiner Zuhörer, Marianne Strauß ist dabei – links von Strauß MdB Dr. Reinhold Kreile, Prof. Hans Maier und Alfons Goppel.

gewordenen Jugend gilt es, Ihre leidvollen persönlichen Erfahrungen vor Augen zu halten. Schildern Sie Ihren Kindern und Enkelkindern nicht nur Ihre Erfahrungen aus Krieg, Vertreibung und Flucht, sondern auch Ihre Erfahrungen mit einem Leben in Unfreiheit. Das traurigste Kapitel deutscher Geschichte, das Sie miterlebt und miterlitten haben, darf sich nicht mehr wiederholen – auch nicht unter „roten" oder anderen politischen Farben! Wir wollen doch gemeinsam, daß das menschliche Opfer, das Ihre Eltern, Ihre Geschwister oder andere Angehörige erbracht haben, nicht vergebens war. Wir Ältere müssen unserer Jugend klarmachen, daß der Friede in Freiheit jede Anstrengung wert ist.

Ich weiß, daß dies keine leichte Aufgabe ist. Sie ist schon deswegen nicht leicht, weil oft genug die Erfahrung und der Rat älterer Leute wenig oder gar nicht gefragt ist.

Von dem bekannten Schriftsteller John Knittel – viele von Ihnen werden seine Werke „Via mala" oder „El Hakim" schon gelesen haben – stammt der Ausspruch: „Alt ist man dann, wenn man an der Vergangenheit mehr Freude hat als an der Zukunft."

Nun, unsere Senioren sind nach diesem Maßstab nicht alt. Sie nehmen Anteil am politischen und kulturellen Geschehen, an der Entwicklung ihrer Kinder und Enkelkinder. Sie verklären nicht die Vergangenheit, denn sie wissen, daß es da viele dunkle Seiten gab.

Sie sollten auch Ihren Aufenthalt im Heim dazu nutzen, neue menschliche Kontakte zu suchen und zu finden. Gerade die kommende Advents- und Weihnachtszeit sollte uns zu mehr menschlichen Begegnungen, zu besserer Nachbarschaft – vielleicht auch im Heim – und zu einem besseren gegenseitigen Sichkennenlernen anregen.

Dies soll auch heute Abend hier nicht zu kurz kommen. Wer mit seinen Mitmenschen redet, der spürt bald, daß die Sorgen und Nöte des Nachbarn von nebenan oft genug auch unsere eigenen Sorgen sind. Dieses Wissen behebt zwar nicht die Sorgen, aber es läßt einen leichter daran tragen. Deshalb sollten wir gerade die Fremdheit überwinden, auf unsere Nachbarn vielleicht einen Schritt näher zugehen als bisher.

Fremdheit zu überwinden ist eines der ersten Gebote des guten Willens, der in der Weihnachtsbotschaft von uns gefordert wird. In keiner größeren Gemeinschaft können Spannungen oder Gleichgültigkeit im Umgang miteinander ausbleiben; aber so wie alle Jahre wieder uns die Botschaft der Hoffnung verkündet wird, können wir alle Neuanläufe nehmen und die Gemeinsamkeit, die wir in dieser vorweihnachtlichen Zeit am nachhaltigsten spüren, in das neue Jahr mit hinübernehmen. Fassen Sie, trotz aller gesundheitlicher Beschwernisse, trotz mancher Alltagsprobleme, trotz manchem Ärger über einen Nachbarn, Mut zu mehr Gemeinsamkeit! Im freundschaftlichen Miteinander werden Sie das kommende Jahr besser meistern.

Ich freue mich, daß ich diese schönen Stunden bei Ihnen verbringen darf. Gerade in der Hektik unserer Zeit bedeutet das Zusammensein mit Älteren für die, die mitten im Leben stehen müssen, auch Erholung und Zuflucht.

Nicht über die, sondern mit der Jugend reden

Im November 1981 fand in Abensberg im niederbayerischen Landkreis Kelheim anläßlich einer Jugendwoche die Veranstaltung „Jugend gestaltet Freizeit“ statt. Marianne Strauß hielt dabei die Festrede.

Autogramme für jugendliche Fans

Es vergeht fast keine Woche, in der uns nicht Fernsehen, Rundfunk oder Zeitung über Jugendgespräche, Jugenddiskussionen, Jugendstudien oder ähnliche Aktivitäten um die Jugend berichten. Politologen, Soziologen, Psychologen und Parteien haben – so scheint es jedenfalls – die Jugend neu entdeckt.

Dazu möchte ich Ihnen folgendes Zitat nicht vorenthalten: „Die heutige Jugend ist von Grund auf verdorben; sie ist böse, gottlos und faul. Sie wird niemals so sein, wie die Jugend vorher, und es wird ihnen niemals gelingen, unsere Kultur zu erhalten.“

Das könnte das Zitat eines „modernen Schwarzmalers“, eines unverbesserlichen Kulturpessimisten sein. Aber weit gefehlt: Dieser Ausspruch ist rund 3000 Jahre alt und er war auf einer Tontafel in Babylon zu lesen. Auch die sogenannten Jugendprobleme sind also nicht ganz so neu, wie es heute vielen erscheinen mag. Wenn man das weiß, dann sollte man nicht gleichgültiger, aber gelassener mit unserer Jugend umgehen.

Es ist landauf landab Mode, über die Jugend zu reden. Es wird vielerorts auch noch mit den jungen Menschen geredet. Aber es ist schon eine Ausnahme, wenn Jugendliche so zu Freizeitaktivitäten aufgerufen und ermuntert werden, wie dies die Josef-Stanglmeier-Stiftung mit ihrer

Marianne Strauß mit Sohn Franz Georg

Marianne Strauß mit Tochter Monika

Offen, herzlich, bayerisch – Marianne Strauß im Gespräch mit Alfons Goppel

Aktion „Jugend gestaltet Freizeit 1981" getan hat.

Die 100 jugendlichen Teilnehmer an diesem Wettbewerb bezeugen, daß unsere Mädel und Buben engagiert mitmachen, wenn wir Ihnen sinnvolle Ziele stecken und wenn wir bereit sind, ihre Leistungen zu hören und zu sehen. Diese Erfahrungen haben mein Mann und ich mit unseren drei inzwischen schon großen Kindern gemacht. Ich freue mich mit Ihnen zusammen schon auf die Volksmusik, die wir anschließend gemeinsam hören werden. Ich weiß, daß ich gestern abend und heute einen ganzen musikalischen Tag versäumt habe, und ich bedauere natürlich auch, daß mir die Laienspiele, die Filmbeiträge, die Bastel-, Werkarbeiten und Malereien entgehen. Ich wünsche den Mädeln und Buben, die mit diesen Arbeiten ihre Freizeit sinnvoll genutzt haben, viele Besucher, die an ihren spielerischen und künstlerischen Leistungen Gefallen finden. Dies sollten nicht nur Eltern und Erzieher, sondern auch möglichst viele Bürger aus Abensberg und dem Landkreis Kelheim sein, die sich von den positiven, aber oft nicht veröffentlichten Leistungen unserer Jugend überzeugen.

Ich appelliere daher auch an die Damen und Herren der Presse: Berichten Sie von dem, was Sie hier hören und sehen ausführlicher, als von gestrandeten und gescheiterten jungen Menschen. Verstehen Sie diesen Satz nicht falsch: Junge Menschen, die Sorgen haben oder in Not sind, sind mir gewiß nicht gleichgültig. Ich appelliere vielmehr deswegen an Sie, das Positive mehr hervorzuheben, weil ich fest davon überzeugt bin, daß das gute Beispiel viele Nachahmer findet. Das gute Vorbild ist die überzeugendste Form der Erziehung.

Engagement mit Herz

Mit der Übernahme des Amtes des Bayerischen Ministerpräsidenten durch Franz Josef Strauß hat sich auch der Aufgabenbereich für Marianne Strauß erheblich erweitert. In einem Beitrag, den Nikola Reichel im Sommer 1982 für „Löwe & Raute" schrieb, wurde dies in vielfältiger Weise deutlich.

Ein nur repräsentierendes Dasein zwischen Cocktail-Party, Bridge-Turnier und Damentee hat sie nicht. Marianne Strauß, verheiratet mit Bayerns Ministerpräsidenten und wie er ungeheuer vielseitig, wirkt initiativ in vielerlei sozialen Gremien. Ums Image karitativer Gebärden geht es ihr dabei nicht, wohl aber um praktizierte Nächstenliebe.

Eine Woche mit Marianne Strauß ist so interessant wie anstrengend. Aus der Tradition einer intakten Familie kommend, strahlt sie die Sicherheit einer in sich ruhenden Persönlichkeit aus. Je mehr ihr aufgepackt wird, desto ruhiger scheint sie zu werden.

Montag, 7.12 Uhr: Drei Minuten, bevor der Miniwecker surrt, erwacht Marianne Strauß von selbst, macht einige Atemübungen und springt mit beiden Füßen in einen neuen Tag. Frühstück mit Blick auf den Garten: Tee mit Zitronensaft, Knäcke- und Vollkornbrot, Joghurt, hausgemachte Marmelade, Quark mit gemahlenem Kümmel für den Hausherrn, Frischwurst für die Sprößlinge. Frau Schmid, seit über 20 Jahren zum Haus gehörend, hat alles vorbereitet.

Die Hausfrau bleibt etwas länger sitzen und liest die Zeitungen. Im Terminkalender für diese Woche sind, wie stets, zeitraubende und an-

Fürsorgliche Geste für den königlichen Gast – Marianne Strauß mit Königin Silvia und König Carl Gustav von Schweden

Galavorstellung für Staatsgäste im Bayerischen Nationaltheater – Marianne Strauß, König Hussein und Königin Nur von Jordanien, Ministerpräsident Strauß; im Hintergrund stehend Generalintendant Prof. August Everding

strengende Sitzungen, Besuche und Konferenzen vorgemerkt. Dauernd klingelt das Telefon. Marianne Strauß, im sportlichen Lodenkostüm, greift selbst zum Hörer, macht sich Notizen. Ihr Schreibtisch ist überladen: Anfragen, Einladungen, Bittgesuche, Rechnungen, Steuerakten, Privatbriefe. Auch Drohbriefe gibt es.

Der Montagnachmittag dient dazu, die reichhaltige Korrespondenz zu erledigen, Reden zu entwerfen, Interviews zu korrigieren und all das zu erledigen, was man telefonisch tun kann. Meist geht's darum, Hilfesuchenden und Bittstellern weiterzuhelfen.

Am Dienstagmorgen wird die statistisch-erhärtete „flaue Geschäftszeit" zum Großeinkauf genutzt. Mit Liste und in Begleitung, meist in den Geschäften der Umgebung. Selber fahren wäre zwar schöner, ist aber zu gefährlich.

Zwanzig Minuten für ein schnelles Mittagessen daheim mit Sohn Max, der in München studiert: gegrillte Leber, Spinat, frische Kartoffeln.

Eine Tasse Kaffee, ein anderes Kleid, Schuhe, Tasche und Schmuck wechseln. Eine Freundin auf Durchreise hat sich angesagt, die in einem anderen Bundesland auch etwas für Multiple-Sklerose-Kranke tun will. Als bayerische Schirmherrin der Multiple-Sklerose-Gesellschaft kann Frau Strauß mit konkreten Ratschlägen aufwarten: Bayern hat seit zwei Jahrzehnten nicht nur ein weitreichendes Stützpunktsystem aufgebaut, sondern leistet auch beispielhafte Hilfe zur Selbsthilfe.

Abends geben Ministerpräsident Strauß und seine Gattin einen Empfang zur Jahrestagung der westeuropäischen Schiffbauer. Während er sich mit den Herren über Währungsfragen unterhält, entdeckt seine Frau bei ihren hocheleganten Gesprächspartnerinnen erstaunlich viel soziales Engagement. Vor wenigen Jahren klang

Ehepaar Strauß mit König Juan Carlos von Spanien

Besichtigungsprogramm während einer politischen Reise an den Nil – Franz Josef und Marianne Strauß bei der Sphinx von Gizeh

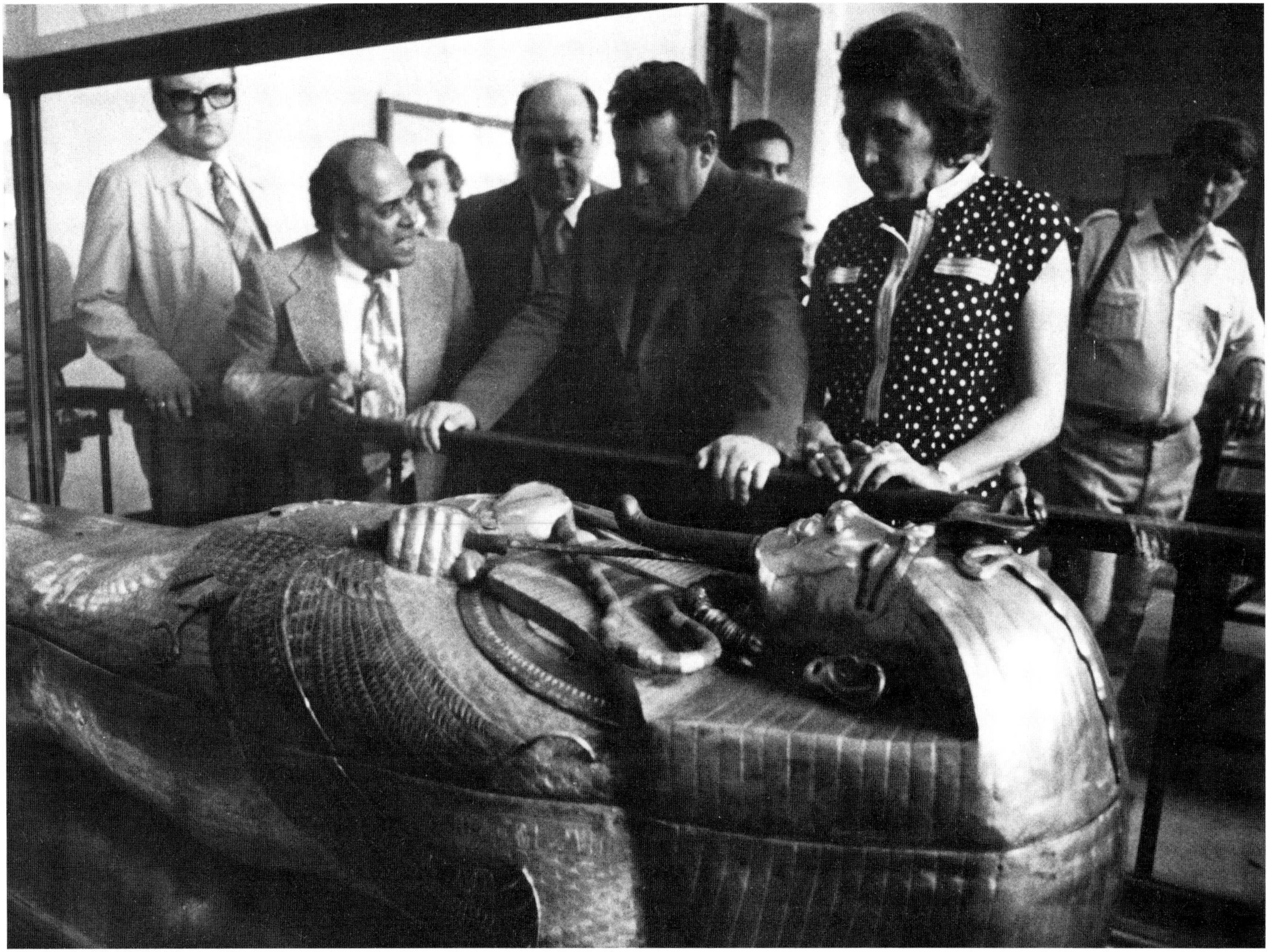

Im Ägyptischen Museum in Kairo – am Sarkophag des Königs Tut-ench-Amun

Ein Falke aus bayerischem Porzellan als Geschenk für Jihan Sadat, die Frau des ägyptischen Staatspräsidenten Anwar el Sadat

In Jerusalem – Besuch der Gedenkstätte für die ermordeten Juden

Als in Persien noch der Schah regierte – Marianne Strauß zu Gast bei Kaiserin Farah Dibah und deren Kindern

Erste China-Reise von Franz Josef Strauß im Januar 1975 – Marianne Strauß war dabei.

Tischgespräche – mit Schwedens König Carl Gustav

das noch ganz anders; inzwischen aber wollen die meisten Frauen an der Seite erfolgreicher Männer nicht bloß mit „Damenprogramm“ abgespeist werden.

Mittwoch, 9 Uhr: Im Büro der Erzdiözese München und Freising tagt der Vorstand der Caritas, dem auch Marianne Strauß angehört. Diesmal geht es darum, die Etatmittel auf Sozialstationen, Kindergärten und Altenheime zu verteilen. Es ist viel Geld, viel Verantwortung. Marianne Strauß argumentiert sachlich und emotionslos, nimmt auch das kleinste Detail wichtig. Die Sitzung dehnt sich über Stunden; schon im Aufbruch verspricht die Landesmutter, den „Sonnenzug“ mit Schwerbehinderten und chronisch Kranken zu betreuen.

Über sich spricht sie nicht gern, doch jedes ihrer Ehrenämter zog eine Menge Arbeit und zahlreiche Verpflichtungen nach sich.

Am Mittwochnachmittag folgt Marianne Strauß einer Einladung der Frauen-Union im Landkreis Regensburg. Aufmerksam schaut sie zu, wie künftige Führungskräfte der Freiwilligen Feuerwehren aus ganz Bayern in ihrer Feuerwehrschule zu Lappersdorf Lebensrettung aus einer qualmenden Schreinerei üben. Frau Strauß ermuntert sie, immer Vorbild für die Jugend zu bleiben. „Wir müssen“, sagt sie eindringlich, „unseren Kindern klare Orientierungshilfen geben, dürfen sie nicht allein lassen mit ihren Fragen, Zweifeln, Ängsten und Unsicherheiten, damit sie nicht leichte Beute von totalitären Ideologien, Psycho-Sekten, Alkohol und Drogen werden.“

Weiter geht's nach Pielenhofen in die Vorschule der Regensburger Domspatzen. Die wunderschönen Bubenstimmen singen für die Landesmutter, dann besichtigt sie das Internat und, als besondere Geste der Mutter Oberin, auch das Refektorium der Salesianerinnen.

Zurück nach München. Höchste Zeit zum Umziehen für eine Premiere im Gärtnerplatztheater. Ausnahmsweise hat auch der Ministerpräsident Zeit dafür gefunden.

Donnerstag, 10.00 Uhr: Die Pressekonferenz mit dem Müttergenesungswerk dauert fast zwei Stunden, der Rundfunk möchte danach noch ein Interview. Der Nachmittag verfliegt mit Vorbereitungen für einen Ausflug alleinerziehender Mütter. Am Abend hört sie im Deutschen Museum Bach's H-Moll-Messe.

Der Freitag beginnt mit einem Termin beim Friseur; später trifft sich eine Runde von Freundinnen und guten Bekannten zum Mittagessen.

Am Nachmittag fährt Marianne Strauß nach Schönbrunn, im Kofferraum eine große Trommel, die sie fürs gemeinsame Musizieren von Behinderten und Pflegepersonal gestiftet hat. Bei Kaffee und Kuchen erforscht sie die Sorgen der Schwestern, die hier so beispielgebend für unsere behinderten Mitbürger sorgen. Auch ihnen versucht sie, da und dort praktisch und unkompliziert zu helfen.

Wieder daheim, erzählt Tochter Monika, die nach dem Abitur eine Lehre als Hotelkaufmann macht, von ihrem Tagesablauf, liest die Liste der

Marianne Strauß mit Königin Silvia von Schweden . . .

. . . und mit Königin Sirikit von Thailand (links), zusammen mit Prinz Franz von Bayern bei einer Besichtigung der Schönheiten-Galerie König Ludwig I. in Schloß Nymphenburg

In Jordanien . . .

Anrufer vor und sucht für ihre Mutter passende Accessoires zum abendlichen Ensemble aus. Drei Telefonate sind dringend und werden erledigt, bevor Frau Strauß wieder aufbricht, um an der Seite ihres Mannes, der ja auch Parteivorsitzender ist, auf einer Festveranstaltung der CSU München ihre repräsentativen Aufgaben zu erfüllen.

Am Samstag ist Marianne Strauß Festrednerin der Landestagung des Bundes der deutschen Katholiken in Würzburg. Sie nennt beklemmende Zahlen als Bilanz nach zwölf Jahren liberalsozialistischer Familienpolitik: Ein Drittel weniger Heiraten, doppelt soviele Ehescheidungen, die Zahl alleinlebender Mütter stieg um 80 %, geschiedener Mütter um 40 %; eineinhalb Millionen Scheidungswaisen klagen an!

Dann sagt sie, langsam, nachdrücklich: „Der politischen Diffamierung und einer familienfeindlichen Propaganda in den Massenmedien setzt der Freistaat Bayern seine bewußt familienfreundliche Offensive entgegen! Seit 1974 wurden die Haushaltsansätze fürs Familienprogramm von etwa 9 Millionen auf stolze 190 Millionen pro Jahr erhöht." Prasselnder Beifall, minutenlang. Die „Landesstiftung Mutter und Kind", deren Kuratorium Marianne Strauß einen weiteren Vorsitz eintrug, brachte es – dank Aufklärung und handfester materieller Hilfe – sogar zuwege, daß in Bayern auf je 100000 Einwohner jeweils „nur" 25 Abtreibungen zu beklagen sind, statt mehr als 200 im Bundesdurchschnitt.

Wie stark gerade dieses Thema Menschen aller Schichten und jeden Alters – Bauern und Akademiker, Angestellte, Arbeiter und Beamte, Hausfrauen und Studentinnen – beschäftigt, zeigt sich bei der stürmischen Diskussion. Die Referentin hat ihre Zeit bereits reichlich überzogen, würde trotzdem gerne dableiben, kann aber auch die freiwilligen Helferinnen verschiedener Hilfsorganisationen nicht enttäuschen, die schon in einem Nachbarort auf sie warten. Eine renovierte Rokokokirche, ein Prachtstück am Wege, das Marianne Strauß gerne mit Muße bewundert hätte, bleibt, leider, unbesichtigt.

Der lange Tag hat Spuren von zu wenig Schlaf um ihre Augen gezeichnet. Doch Anzeichen von Streß sind an Frau Strauß nicht zu entdecken. Ob die Kinder zu Hause sind? Vermutlich nicht, also bleibt Zeit für eine Stippvisite bei feiernden Freunden. Ein Mords-Hallo begrüßt sie.

Eine halbe Stunde vor Mitternacht denkt sie ans Heimfahren. Ein freundliches „Gutnacht" für den Wachtposten vorm Haus, dann schaut sie gleich nach, ob Sohn Franz, der in Frankfurt studiert, schon fürs Wochenende heimgekommen ist. „Jetzt bin ich aber doch müd", gibt sie mit jenem netten Lächeln zu, das sie für jeden bereit hat. Sie freut sich auf morgen. Sonntag ist im Hause Strauß Familientag. Wenn irgend möglich, keine Termine für den Ministerpräsidenten und keine für seine Frau.

Die Bilanz einer ganz normalen Woche: Franz Josef Strauß macht Politik für den Freistaat Bayern und dessen lebenswerte Zukunft, und seine Frau Marianne trägt viel dazu bei, daß Bayern auch liebenswert bleibt.

Sozialer Dienst als Sache der Bürger

Einen Empfang für verdiente Sammler der freien Wohlfahrtsverbände, der am 22. November 1983 in der Residenz in München stattfand, nutzte Marianne Strauß zu grundsätzlichen Ausführungen über die Bedeutung des privaten Einsatzes in den sozialen Diensten.

Mit dem Empfang erkennt die Bayerische Staatsregierung Ihren ehrenamtlichen Dienst an der Gemeinschaft an. Für Ihre nicht leichte Aufgabe spreche ich Ihnen meinen herzlichen Dank und denjenigen meines Mannes aus.

Die Mehrheit unserer Bürger weiß, daß die sozialen Dienste nicht allein Sache des Staates sind, sondern zunächst und ursprünglich Angelegenheit der Bürger selbst. Es ist alle Anerkennung wert, daß auch in diesen wirtschaftlich schwierigen Zeiten die Spendenbereitschaft nicht nachgelassen hat. Ihr unermüdlicher Einsatz hat dazu entscheidend beigetragen.

Ich freue mich sehr, daß gerade auch viele Jugendliche als Sammler mitmachen. Sie zeigen damit, daß es nicht nur junge Menschen gibt, die auf die Straße gehen um gegen etwas zu sein, sondern daß es viele junge Leute gibt, die auf die Straße gehen, um für tätige Solidarität mit unseren hilfsbedürftigen Mitbürgern einzutreten. Wenn auch Verweigerung große Mode ist, im Kern ist unsere Jugend doch gesund.

In unserer Gesellschafts- und Rechtsordnung ist nicht der Staat alleiniger und ausschließlicher Träger der sozialen Dienste. In der Bundesrepublik Deutschland wurde mit der Gesetzgebung ein dichtes Netz an staatlichen Hilfen für unsere Bürger geschaffen, auf das wir mit Recht stolz sein können.

Bayerische Tracht als Selbstverständlichkeit – bei Anlässen im heimatlichen Freistaat ebenso . . .

. . . wie bei Staatsbesuchen im Ausland (hier mit Pakistans Staatspräsidenten Zia ul Haq) . . .

Dieses soziale Netz ist aber nur soweit haltbar, wie es die Ertragskraft der Wirtschaft zuläßt. Die anhaltend schlechte Wirtschaftslage beeinträchtigt auch in erheblichem Maße die Staatseinnahmen. Es mußten daher in den letzten Jahren schmerzliche aber notwendige Einschnitte bei den Sozialleistungen vorgenommen werden, weil anders ein Zerreissen des sozialen Netzes nicht zu vermeiden war.

In dieser Lage brauchen wir die freien Wohlfahrtsverbände besonders dringend. Sie können im Einzelfall wirksame Hilfe leisten, wenn staatliche Stellen mit ihrer unvermeidlichen Bindung an gesetzliche Regelungen hierzu nicht in diesem Ausmaß in der Lage sind. Mit den Erträgen Ihrer Sammeltätigkeit erhöhen Sie den Spielraum der freien Wohlfahrtsverbände. Sie vermindern etwas die Abhängigkeit von staatlichen oder auch kirchlichen Geldgebern.

Der Staat könnte seine Aufgabe nicht bewältigen, wenn ihm nicht die Träger der freien Wohlfahrtsverbände zur Seite stünden. Unsere Rechtsordnung erkennt die Existenz der freien Wohlfahrtsverbände an und gibt ihnen vielfach den Vorrang.

Ich will hier nur einige Beispiele aus der verdienstvollen Arbeit unserer Wohlfahrtsverbände herausgreifen. Neben den vielseitigen Aktivitäten der großen Verbände, wie Caritas, Diakonisches Werk, Paritätischer Wohlfahrtsverband, Arbeiterwohlfahrt und Bayerisches Rotes Kreuz dürfen auch die weniger im Rampenlicht stehenden kleineren Organisationen nicht vergessen werden, die sich auf Hilfe für bestimmte Personengruppen spezialisiert haben,

– so zum Beispiel die Pfennigparade und die Aktionen Sonnenschein,

– so zum Beispiel die Multiple-Sklerose-Gesellschaft, die sich um besonders schwer vom Schicksal getroffene Mitmenschen kümmert,

– so auch das Müttergenesungswerk, das weiterhin vielen tausend Müttern Erholung von den Strapazen des Alltags und neue Kraft für ihren aufopferungsvollen Dienst in der Familie vermittelt.

Besonders erwähnen möchte ich auch noch die Rettungsdienste, in denen viele ehrenamtliche Helfer tätig sind und deren wirksamer Hilfe viele unserer Mitbürger die Wiederherstellung ihrer Gesundheit verdanken.

Die freien Wohlfahrtsverbände übernehmen große Teile sozialer Aufgaben der öffentlichen Hand. Eine wirkungsvolle Sozialarbeit wäre ohne sie nicht denkbar. Aber auch diese freien Träger leben vom unermüdlichen Einsatz von vielen tausend Menschen, die nicht nur von Solidarität und Menschlichkeit reden, sondern sie praktizieren. Menschlichkeit läßt sich letztlich nicht planen und verordnen. Deswegen sind die Träger der freien Wohlfahrtspflege unentbehrliche Partner des Staates und der kommunalen Gebietskörperschaften. Im Gegensatz zur öffentlichen Hand ist die freie Wohlfahrtspflege auch in der Festlegung von Voraussetzungen, von Art und Maß ihrer Hilfen nicht gebunden; sie schafft nach eigenem Ermessen die Einrichtungen, die zur Durchführung der Hilfen erforderlich sind.

Öffentliche und freie Wohlfahrtspflege sind keine Konkurrenten, sondern Partner. Wenn sie auch bisweilen verschiedene Wege gehen, so ist das Ziel immer gleich: Die Hilfe für diejenigen unter uns, die sich selbst nicht helfen können.

In den letzten Jahren wird immer mehr die Bürokratisierung unseres Lebens beklagt. Anonymität und Bürgerferne werden dem Staat vorgeworfen. Gerade in dem Bereich, in dem sozial Schwache und Notleidende in besonderem Maße auf die engagierte Mitmenschlichkeit ihrer Betreuer angewiesen sind und in dem sie

... oder bei festlicher Repräsentation bayerischen Selbstbewußtseins.

Die Frau des Bayerischen Ministerpräsidenten – Staat machen an der Seite von Bundespräsident Prof. Karl Carstens, dahinter (von links) die Kabinettsmitglieder Max Streibl, Anton Jaumann, Albert Meyer, Karl Hillermeier

besonders leicht verletzlich sind, gibt es mit der freien Wohlfahrtspflege eine freiheitliche Alternative zur rein bürokratischen Bewältigung der Sozialarbeit. Die Aufgaben, die die Organisationen wahrnehmen, für die Sie als Sammler angetreten sind, könnten von der öffentlichen Hand sicher nicht mit dem gleichen Aufwand und Personalstand so umfassend und wirkungsvoll erfüllt werden, wie Sie es tun. Der Staat kann oft genug mit finanziellen Zuschüssen nur den Grundstock legen und eine Initialzündung für bürgernahe Sozialhilfen geben.

Hier wurde in den letzten Jahren in Bayern Beachtliches geleistet: So haben sich die Ausgaben des bayerischen Sozialhaushalts von 1982 gegenüber 1974 mehr als verdoppelt. Auch angesichts der schwierigen Kassenlage der öffentlichen Hand wird der Sozialhaushalt im Jahr 1983 um 2,0 Prozent und im Jahr 1984 um 2,2 Prozent weiter steigen. Aber Sie wissen, Geld ist sehr wichtig für die Sozialarbeit, aber es macht sie noch nicht menschlich. Oft genug wirken Verständnis und ein aufmunterndes Wort zur rechten Zeit mehr als Geld. Es ist vor allem das Verdienst der ehrenamtlichen Helfer, zu denen auch Sie gehören, daß unsere Sozialpolitik auf diese Weise mit Leben erfüllt wird. Dafür verdienen Sie besondere Anerkennung!

Ich möchte Ihnen daher nochmals persönlich und im Namen meines Mannes für Ihren selbstlosen Einsatz und Ihre Hingabe danken und Sie bitten, auch in Zukunft als Sammler so erfolgreich an die Herzen und Geldbeutel unserer Bürger zu appellieren wie bisher. Unsere Bürger aber bitte ich, Sie in bewährter Weise zu unterstützen und Ihnen bei Ihrer schwierigen Arbeit Verständnis entgegenzubringen.

Vom Sinn und Wert der Diakonie

Was Dienst am Nächsten bedeutet und woraus er seine Kraft bezieht, hat Marianne Strauß immer aufs neue durchdacht und formuliert. So auch bei einem vorweihnachtlichen Beisammensein mit Bewohnern der evangelischen Diakonissenanstalt in Mindelheim am 6. Dezember 1982.

Ganz besonders freue ich mich, hier mit Ihnen zusammen zu sein, mit Frauen, die im Geiste Wicherns, Fliedners und Bodelschwinghs dienend die Bedeutung des griechischen Wortes „Diakonie" vorgelebt haben und noch vorleben.

Ein altes englisches Sprichwort sagt: „Es kommt nicht darauf an, wie alt man ist, sondern darauf, wie man alt ist." Wenn irgendwo, dann wird die Wahrheit dieses Wortes hier in diesem Feierabendhaus offenbar. Sie haben alle Ihr Leben jenem Dienst geweiht, der einst in der Urkirche zur christlichen Mahlfeier gehörte, nämlich dem Dienst am Nächsten, den Sie immer wieder sinnbildlich eingeladen haben und einladen, am Tisch des Herrn Platz zu nehmen. Helfend, sorgend, pflegend und tröstend leben Sie dem Evangelium. Sie haben sich dem Dienst am kranken, einsamen, armen Mitmenschen gewidmet. Wer so lebt, der altert höchstens äußerlich, weil die Körperkraft nicht über eine gewisse Mittagshöhe des Lebens hinaus zunehmen kann. Die geistigen und geistlichen Kräfte des Menschen aber können es unbeschränkt. Deshalb machen sie allein ein Leben zu einem erfüllten Dasein. Der gute Geist ist nicht damit zufrieden, sich „selbst zu verwirklichen", wie es heute Mode geworden ist. Er sieht seine Aufgabe im Dienst am Menschen, der dieses Dienstes bedürftig ist.

Waches Auge und offenes Herz für die Nöte des Nächsten.

Wo immer Franz Josef und Marianne Strauß (hier mit Edmund Stoiber) . . .

Hinter diesen dürren Worten verbirgt sich nicht einfach eine Berufsbezeichnung wie viele andere. Die Diakonissen bilden ja keine Zunft oder Gilde, sie sind eine gewachsene Gemeinschaft, in der jede einzelne am Ganzen teilhat, unverwechselbare, einmalige Persönlichkeit bleibt und sich dennoch in der Hingabe an die Gemeinschaft und an den hilfsbedürftigen Nächsten erst als solche begreift. Wie sollte ein solches, ganz aus dem Liebesgebot des Evangeliums gelebtes Leben jemals altern oder gar veralten?

Solange der Mensch lebt, braucht er den Menschen. Das klingt sehr einfach und einleuchtend, und doch scheint es, als wäre dieses Grundgesetz unseres Daseins heute in den Hintergrund gedrängt durch den unbeherrschten Willen zur

Ich weiß: das sind in diesem Raum sicher vertraute Worte, draußen aber, im Getriebe der modernen Welt, mögen sie vielleicht manchem fremdartig anmuten. Denn – sagen wir es doch offen heraus: Der Dienst, also die Diakonie im eigentlichen Sinne, ist heute für die Mehrheit der Satten und Gesunden nur noch eine Art Zur-Verfügung-Stehen wie auf Knopfdruck. Wer kennt heute noch den schönen Satz aus der Nikomachischen Ethik des Aristoteles: „Wer einen Dienst erweist, steht höher, als wer ihn sich erweisen läßt“? Gewiß war der Lehrer des großen Alexander kein Christ – aber sind seine Worte nicht über die mehr als zwei Jahrtausende hinweg, die uns von ihm trennen, gültig auch in einem echt christlichen Sinn?

In Konversationslexika findet sich zum Stichwort „Diakonisse“ etwa folgende Erklärung: „Sozialpflegerisch ausgebildete, in Schwesterngemeinschaft lebende und im Rahmen der Diakonie berufstätige Frau.“

. . . gemeinsam in der Öffentlichkeit auftraten . . .

sogenannten Selbstverwirklichung. Wie himmelweit ist der geistige Abstand des Füreinander-Daseins in Ihrer Gemeinschaft hier zum Schlachtruf von Feministinnen, die frech behaupten, ihr Bauch (Leib) gehöre ihnen!

Indem Sie als Dienerinnen, denen nach einem schönen deutschen Sprichwort Gott seinen Dank zusammenspart, still und unaufdringlich für andere leben, richten Sie Signale auf, die niemand überfahren kann. Solche Leben, wie sie in diesem Hause gelebt wurden und werden, prägen Vorbilder, die wie von selbst Dankbarkeit und Ehrfurcht wecken.

So darf ich mich vielleicht zur Sprecherin jener machen, die Ihnen so viel Dank schulden – nicht nur dafür, daß Sie Kranke gepflegt, Hungernde gesättigt und Dürstende getränkt haben.

spürten die Menschen:

. . . da sind zwei, die zusammengehören!

Vor allem danke ich Ihnen aus ganzem Herzen für Ihre Treue zum Geist, aus dem diese Mitmenschlichkeit ihre Kraft bezieht, zum Geist des Evangeliums. „Was Ihr dem geringsten meiner Brüder getan habt, das habt Ihr mir getan“ – dieses Christuswort prägt Ihr Leben. Da tut die Zeit wirklich nichts mehr zur Sache, wie es einmal ein französischer Schriftsteller (Molière) ausgedrückt hat. Natürlich ist auch in diesem Feierabendhaus der Abend des Lebens nicht frei von Beschwernissen, nicht frei von Abschieden, die Sie von lieben Menschen und Gewohnheiten und vielleicht auch von vertrauten Räumen nehmen müssen.

Aber Sie lassen sich von Ihren hohen Jahren nicht überwältigen. Sie ertragen nicht nur das immer raschere Verrinnen der Zeit, Sie gestalten Ihr Leben; denn solange wir uns noch um liebe und vertraute Menschen sorgen, so lange sind wir nicht einsam.

Und noch ein letztes: Lebensfreude ist nicht

Bundespresseball in Bonn

an Altersgrenzen gebunden. Wie groß muß die Freude derer am Leben sein, die ein Leben lang dem Leben gedient haben? Von Martin Luther stammt der schöne Satz:

„Und wenn ich wüßte, morgen geht die Welt unter, so würde ich heute noch ein Bäumchen pflanzen."

Ich weiß, daß auch Sie, jede einzelne von Ihnen, so lebt, wie es sich in diesem Wort zeigt: Im Vertrauen, daß das hier und heute gepflanzte Bäumchen weiterwachsen wird, daß ihm die Apokalypse nichts anhaben kann. Welches Bäumchen aber ist gemeint? Ich denke mir, Luther meinte es als Sinnbild für das unzerstörbare, das ewige Leben.

Freude kennt keine Altersgrenze

Das ständige Gespräch mit den älteren Mitbürgern war für Marianne Strauß nie politische Routine, sondern ein Herzensanliegen. Die Altennachmittage, zu denen sie immer wieder einlud, waren stets eine Gelegenheit zu offener menschlicher Begegnung. Bei einem dieser Altennachmittage, am 7. Dezember 1983 im Antiquarium der Münchner Residenz, sprach Marianne Strauß über Stellung, Aufgabe und Chance gerade der älteren Menschen.

Ein hochbetagter, für weise geltender Mann gab auf die Frage, welches die größte Freude seines Lebens gewesen sei, die verblüffende Antwort: „Das kann ich noch nicht sagen. Ich bin erst 96."

Natürlich ist, wer so spricht, eine Ausnahmeerscheinung – aber Vorbilder sind stets Ausnahmen. Und ein Vorbild ist er, dieser Greis, der in seinem 10. Lebensjahrzehnt sich weigerte, lediglich zurückzublicken, der es vielmehr für durchaus möglich hielt, daß ihm das Leben eine noch größere Freude bescheren werde, als er sie bisher erfahren hatte.

Von der heiteren Erwartung dieses außerordentlichen Menschen soll heute ein Abglanz in unsere vorweihnachtliche Kaffeestunde fallen: Wer im Alter alle Hoffnung fahren ließe, der brauchte sich freilich nicht darüber zu wundern, wenn niemand mit einem solchen Murrkopf zu tun haben möchte. Sie, die Sie meiner Einladung so zahlreich gefolgt sind, beweisen mit Ihrem fröhlichen Hiersein, daß niemand unter Ihnen der Versuchung zu selbstgewählter, freudloser Einsamkeit erlegen ist – seien Sie alle sehr herzlich begrüßt.

Mein Mann wäre sehr gerne mitgekommen, wenn er im Gestrüpp seines Terminkalenders auch nur eine kleine Lücke hätte finden können. So müssen Sie halt mit seinen herzlichen Grüßen und Wünschen vorlieb nehmen.

Ob Ihnen allen gleichermaßen dieses Prachtgewölbe gefällt, weiß ich natürlich nicht – aber Kunstsachverständige preisen es als einen der schönsten und größten Renaissanceräume Deutschlands. Sollten Sie dieses Urteil anzweifeln, so wären Sie in guter Gesellschaft: Kein geringerer als Goethe hat sich auf seiner Reise nach Italien im September 1786 hier nur kurz umgesehen, ein paar Mal den Kopf geschüttelt, ist wieder in seine Kutsche gestiegen und weitergefahren. Freilich besaß der damals erst 37jährige Weimarische Minister noch nicht die Erfahrung und das sichere Urteil, die uns erst das Alter beschert.

Jedenfalls: Festlich und heiter genug ist der Rahmen sicherlich, daher dem Anlaß und der Stimmung aller meiner Gäste angemessen. Denn wir sind heute und hier nicht zum Klagen gekommen, sondern zum Feiern! Schließlich steht

Im Gewand des Landes – Marianne Strauß in Saudi-Arabien

Gespräch mit der Frau des pakistanischen Staatspräsidenten Zia ul Haq

Gratulation zum 50. Geburtstag – Marianne Strauß mit einer Abordnung der Schlesischen Jugend

Beim Empfang der deutschen Olympiateilnehmer im Prinz-Carl-Palais in München – Goldmedaillengewinner Peter Angerer trägt sich, von Marianne Strauß aufmerksam beobachtet, in das Goldene Buch ein.

nicht der Karfreitag, sondern Weihnachten vor der Tür. Und noch immer ist Weihnachten ein frohes, ein fröhlich stimmendes Fest, allen Rufen mißmutiger Unken zum Trotz, die davon quaken, nur die Erfindung des Weihnachtsfestes habe das Christentum überhaupt gerettet. Und wenn dem so wäre? Das Christentum ist gerettet durch das, was an Weihnachten geschah! Darüber sollen wir uns freuen, und diese Freude ist wahrhaftig nicht an Altersgrenzen gebunden!

Freilich trifft auch in diesem Jahr die Botschaft dieses Festes des Friedens auf eine friedlose Welt: Kriege toben in den verschiedensten Teilen der Welt, und tagtäglich wird der traurige Beweis dessen erbracht, was Menschen ihren Mitmenschen anzutun fähig sind.

Wir alle wollen Frieden. Nur Narren und Verbrecher drängen zum Krieg. Aber Friedenssehnsucht allein zwingt Frieden nicht herbei. Wer um des lieben Friedens willen sich erpresserischen Drohungen beugte, der verlöre sowohl Frieden wie Freiheit. Und Friede ohne Freiheit wäre keiner – es wäre nur die Stille der Unterdrückung.

Bei uns ist Friede, wir sind frei. Das ist eine beglückende Tatsache – solange wir Freiheit und Friede nicht als selbstverständlich verstehen, sondern sie den höchsten Gütern zurechnen, die zu bewahren und zu erhalten unser aller Aufgabe ist.

Sie haben alle die Schrecknisse des Zweiten Weltkrieges erlebt, den Untergang der nationalsozialistischen Gewaltherrschaft. Sie sind durch Trümmerlandschaften gegangen, viele von Ihnen haben gehungert, vielen hat der Krieg liebe Menschen entrissen – und dennoch sind Sie nicht verzagt: Der beispiellose Wiederaufbau Deutschlands – nicht nur der sichtbare, sondern auch der geistig-moralische – ist Ihrer Generation zu verdanken. Wo also könnte der Frie-

Münchner Zusammenklang – der Bayerische Ministerpräsident mit seiner Frau beim Oktoberfest-Zug vor der prachtvollen Kulisse der Theatinerkirche

Marianne Strauß konnte zuhören, bei einfachen Leuten ebenso wie bei hochrangigen Staatsgästen – Gespräch mit Jordaniens Königin Nur

denswille stärker sein als bei den heute über 60jährigen?

Sie wissen auch, der Friede wurzelt im engen Lebenskreis der Familie, in Freundschaften, im Beruf. Wer hier nicht Frieden halten kann, der wird ihn unter den Völkern erst recht nicht stiften können! Ihre Generation verbringt einen Lebensabend, wie ihn keine Generation vor Ihnen, aber auch wohl keine Generation nach Ihnen wird erleben können.

Was unsere Senioren heute ihren Vätern und Großvätern voraushaben, das sind Wohlstand, soziale Sicherheit, Frieden und Freiheit. Das ist Ihnen, meine Damen und Herren, freilich nicht in den Schoß gefallen. Sie haben dafür Ihr Leben lang schwer arbeiten und manch bittere Erfahrung machen müssen. Gerade diese Generation, die aus dem größten Trümmerhaufen der deutschen Geschichte einen blühenden Sozialstaat aufgebaut und der Bundesrepublik Deutschland wieder einen geachteten Platz in der Völkergemeinschaft erobert hat, müssen wir dankbar sein. Sie, liebe Seniorinnen und Senioren, haben sich wahrhaftig einen sorgenfreien und ruhigen Lebensabend verdient.

Heute können doppelt so viele eines Jahrganges das Rentenalter genießen als noch zur Zeit des Ersten Weltkrieges. Dies beweist: Fortschritt ist etwas Gutes, wenn er in den Dienst am Menschen und am Leben gestellt wird.

Sie, meine Damen und Herren, können also Karl Valentin widersprechen, der gesagt hat: „Alt werden möcht' jeder, aber alt sein: niemand."

Die meisten Senioren, denen ich begegne, sind froh, daß sie ihr Lebenswerk vollbracht haben, und erfreuen sich eines schönen Lebensabends. Sie üben sich nicht nur in der Kunst, das Alter zu ertragen, sondern sie erleben und genießen die Jahre, solange ihnen die Gesundheit dazu geschenkt ist.

Ein Bild, das keiner Worte bedarf

Juli 1983: Franz Josef Strauß reist ins andere Deutschland. Wo er und seine Frau Marianne auftauchen, drängen sich die Menschen, wollen (wie bei einem Gang durch Dresden) . . .

Indessen heißt Älterwerden auch: Abschied nehmen von lieben Menschen, ja, die endgültigen Abschiede mehren sich mit jedem neuen Lebensjahrzehnt. Es hieße lügen, wollten wir den Schmerz verdrängen, den uns der Tod des Ehegatten, der Schwester, des Bruders oder eines lieben Freundes zufügt. Aber gibt es nicht auch die Freude, eine neue Generation geboren und heranwachsen zu sehen?

Lebensfreude ist kein Vorrecht der 20- oder 40jährigen. Ist man auch mit 60 oder 80 nicht mehr so überschwenglich und ausgelassen wie in der Jugend: die Freude kennt keine Altersgrenze!

Wer sich aus der Gemeinsamkeit der Senioren in einem Altenheim nicht selbst ausschließt, wer aufgeschlossen bleibt für die Sorgen, Nöte, aber auch Freuden seiner Kinder und Enkel, dessen Lebensabend bleibt lange hell. Darum bitte ich Sie herzlich:

– Schließen Sie sich nicht aus von gemeinsamen Unternehmungen und Veranstaltungen in Ihrem Altenheim!

– Gehen Sie auf Ihre „neuen Nachbarn“ zu! Sie werden feststellen: Gleiche oder ähnliche Lebenserfahrungen verbinden.

– Fragen Sie auch einmal: Was kann ich tun, um mögliche Gräben zwischen Alt und Jung zuzuschütten oder zu überwinden?

Es müssen nicht nur die Jungen auf die Alten, auch die Alten sollten auf die Jungen zugehen. Eine alte chinesische Weisheit sagt: „Wenn Du alt wirst, gehorche Deinen Kindern.“ Darin drückt sich die gegenseitige Achtung aus, die alle Generationen voreinander haben sollten.

Die Sorge um die ältere Generation kommt auch darin zum Ausdruck, daß die Bayerische Staatsregierung seit der Verabschiedung des Bayerischen Landesaltenplans im Jahre 1974 400 Millionen DM für unsere älteren Mitbürger in Bayern aufgewendet hat. Allein in dem jetzt zu

. . . die Gäste sehen, mit ihnen sprechen, wollen Hilfe, spüren Hoffnung.

Franz Josef und Marianne Strauß

Ende gehenden Jahr 1983 wurden 46 Millionen DM für die Errichtung von Altenheimen, Pflegeheimen, für die Förderung von Mahlzeitendiensten, für die Altenerholung, Altenbetreuung und für Altenclubs zur Verfügung gestellt.

Doch dies wäre nur ein Tropfen auf den heißen Stein, wenn nicht die Wohlfahrtsverbände diese Gelder aus eigenen Kräften ergänzen und in praktische Hilfe für die betagten Mitbürger umsetzen würden. Deshalb darf ich sicher auch in Ihrem Namen an dieser Stelle den Trägern der Altenheime, nämlich dem Bayerischen Roten Kreuz, dem Caritasverband, dem Diakonischen Werk, dem Deutschen Paritätischen Wohlfahrtsverband und der Arbeiterwohlfahrt und allen ihren Mitarbeitern ganz herzlich für alle Mühe danken, die sie aufwenden, damit unsere älteren Mitbürger gut versorgt sind und menschliche Geborgenheit finden.

Mein Dank gilt in dieser Stunde aber vor allem den Pflegekräften, die in den Altenheimen aufopferungsvoll ihren Dienst leisten. Schließlich möchte ich mich bei allen Helfern bedanken, die diesen Nachmittag ermöglicht haben, und bei den Musikern, die ihn zu einem Erlebnis für uns alle werden lassen.

Diese vorweihnachtliche Kaffeestunde soll kein Nachmittag der langen Reden, sondern der vielen Gespräche werden. Dazu werde ich von Tisch zu Tisch gehen, um mich mit Ihnen zu unterhalten. Halten Sie deshalb mit nichts hinter dem Berg, was Ihnen am Herzen liegt. Zuvor wünsche ich Ihnen allen gemeinsam einen besinnlichen Advent, ein gnadenreiches Weihnachtsfest und Gottes Segen für das Neue Jahr.

Von einer Arbeit, die im Stillen getan wurde

Zu Beginn des Jahres 1984 lud Oskar Hatz, der seit vielen Jahren mit seinen ganzseitigen Kolumnen zur bayerischen Landespolitik in der „Passauer Neuen Presse (PNP)" zu einer Institution der Publizistik in Bayern geworden ist, Marianne Strauß zu einer Gastkolumne ein. Die Frau des Bayerischen Ministerpräsidenten und CSU-Vorsitzenden nützte diese Gelegenheit zu einer Reihe wichtiger grundsätzlicher Aussagen ebenso wie zu sehr persönlichen Anmerkungen.

Sehr geehrter Herr Hatz, nach einem kurzen Anfangsschrecken habe ich mich doch schnell mit Ihrer netten Idee angefreundet, in Ihrer „Gastkolumne" auch einmal die Frau eines Politikers zu Wort kommen zu lassen, eine Frau, die mit der Politik von Kindesbeinen an vertraut und heute sozusagen „verheiratet" ist, selbst aber weder Politikerin noch Standes- oder Interessenvertreterin ist und sein kann. Ich bin „Nur-Hausfrau", Mutter von drei inzwischen erwachsenen Kindern und mit Franz Josef Strauß seit 1957 verheiratet.

Mein Leben war Lehre genug

Ich habe mich in meinem Leben noch nie über zu wenig Abwechslung beschweren können. Schon mein Vater war Politiker und Gründungsmitglied der CSU. Die Nazis haßten ihn und zündeten 1937 Mälzerei, Gutshof und Brauerei, die in einem 1806 säkularisierten Kloster Platz gefunden hatten, an. Um Mitternacht wurden wir Kinder damals aus den Betten ge-

Soziale Probleme nicht vom Hörensagen kennen, sondern sich durch eigenen Augenschein überzeugen – nach diesem Grundsatz hat Marianne Strauß gehandelt, auch bei einem Besuch der Stiftung Pfennigparade in München.

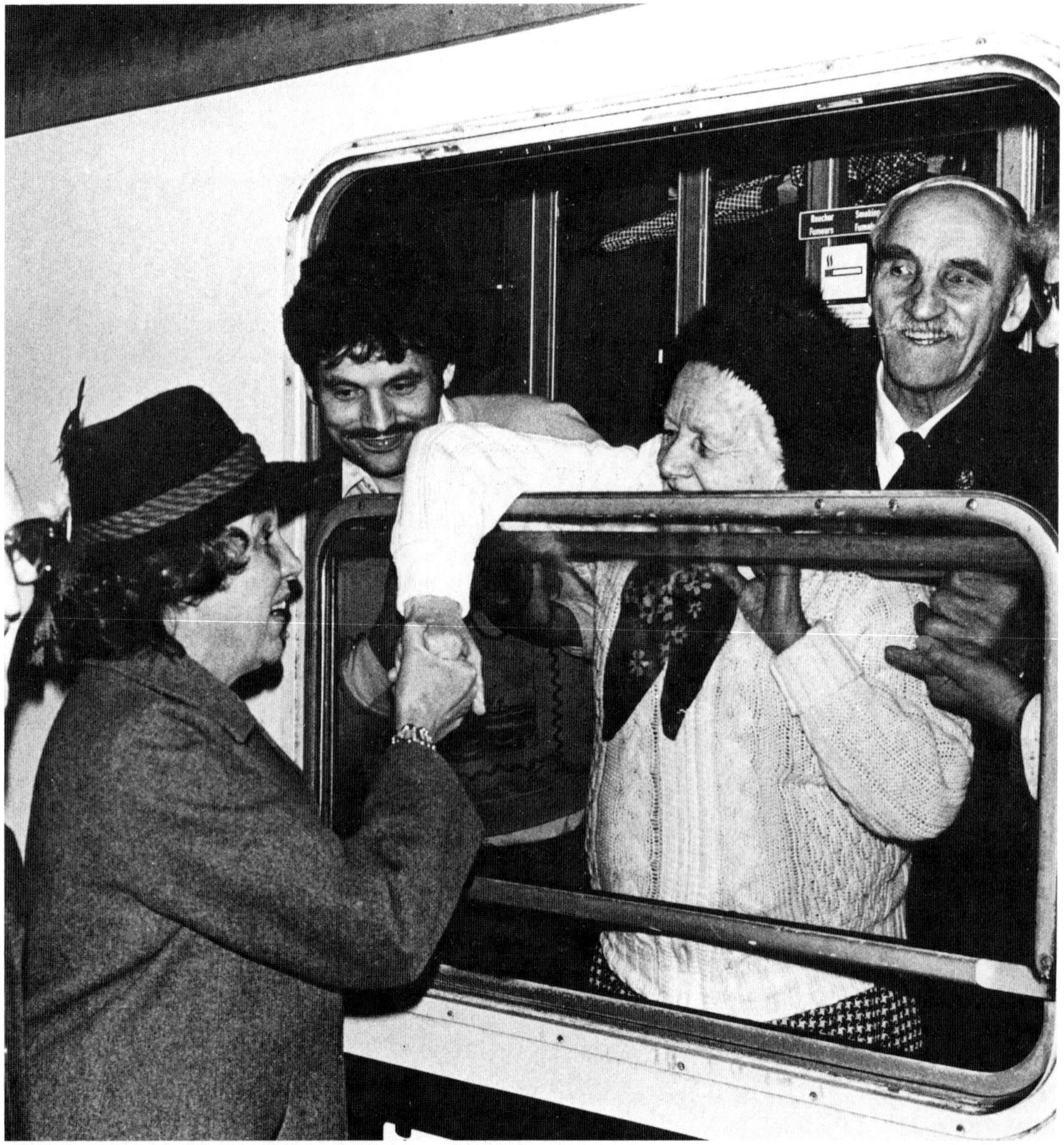

Der „Sonnenzug“ der Caritas der Erzdiözese München und Freising ist eine bewährte Einrichtung, mit der alten und behinderten Menschen die Gelegenheit geboten wird, zumindest einmal im Jahr aus ihrem oftmals engen Lebensraum herauszukommen. Marianne Strauß hat diese Aktion immer besonders nachdrücklich unterstützt.

holt – alles brannte lichterloh –, ich muß sehr erschrocken sein, denn ich erinnere mich noch genau daran, weil ich nicht schnell genug weglaufen konnte wegen eines Herzschadens.

Später habe ich den Bombenkrieg buchstäblich und Gott sei Dank nur als Zuschauerin erlebt, denn man sah von Rott aus das brennende München leuchten – vor allem ab 1944. Gut erinnere ich mich auch an den Einmarsch der Amerikaner, und acht Tage danach kam Fritz Schäffer (übrigens auch unser Trauzeuge) bei uns um die Ecke geradelt, und los ging's mit den Plänen, eine neue Partei, die CSU zu gründen, gleichzeitig mit der sich um Adenauer und Arnold im Rheinland bildenden CDU. 1947 wurde auch die Bayernpartei aus der Taufe gehoben, zu deren bekanntesten Persönlichkeiten jener Dr. Jakob Fischbacher gehörte, der sich – einige Leser werden sich sicher entsinnen – in seinen Versammlungen über die „bluatige Schand“ erregt hatte, daß ein Bayer (= mein Vater, Max Zwicknagl) eine protestantische Hamburgerin (meine Mutter) geheiratet hatte. In Nord- und Westdeutschland wurde daraus eine sehr ungute Pressekampagne, unter der nicht nur meine Eltern, sondern auch wir Töchter als die „Produkte des lästerlichen Tuns“, zu leiden hatten.

Als ich 1957 meinen Mann, den damaligen Bundesverteidigungsminister, heiratete, war mir klar, daß ich künftig mit Anfeindungen aller Art würde leben müssen. Anstelle einer ausgiebigen Hochzeitsreise kamen zahllose Wahlkampfveranstaltungen, bei denen ich meinen Mann dann bis 1972 stets begleitete. Wie viele Politikerfrauen mußte ich mich im Alltag mit den drei Kindern allein zurechtfinden. So bin ich ganz bewußt 1969 mit den Kindern von Rott nach München ins Hochhaus gezogen, um ihnen dort weiterhin ein abgeschirmtes Zuhause zu geben, das zugleich in unmittelbarer Nähe zu Grund-

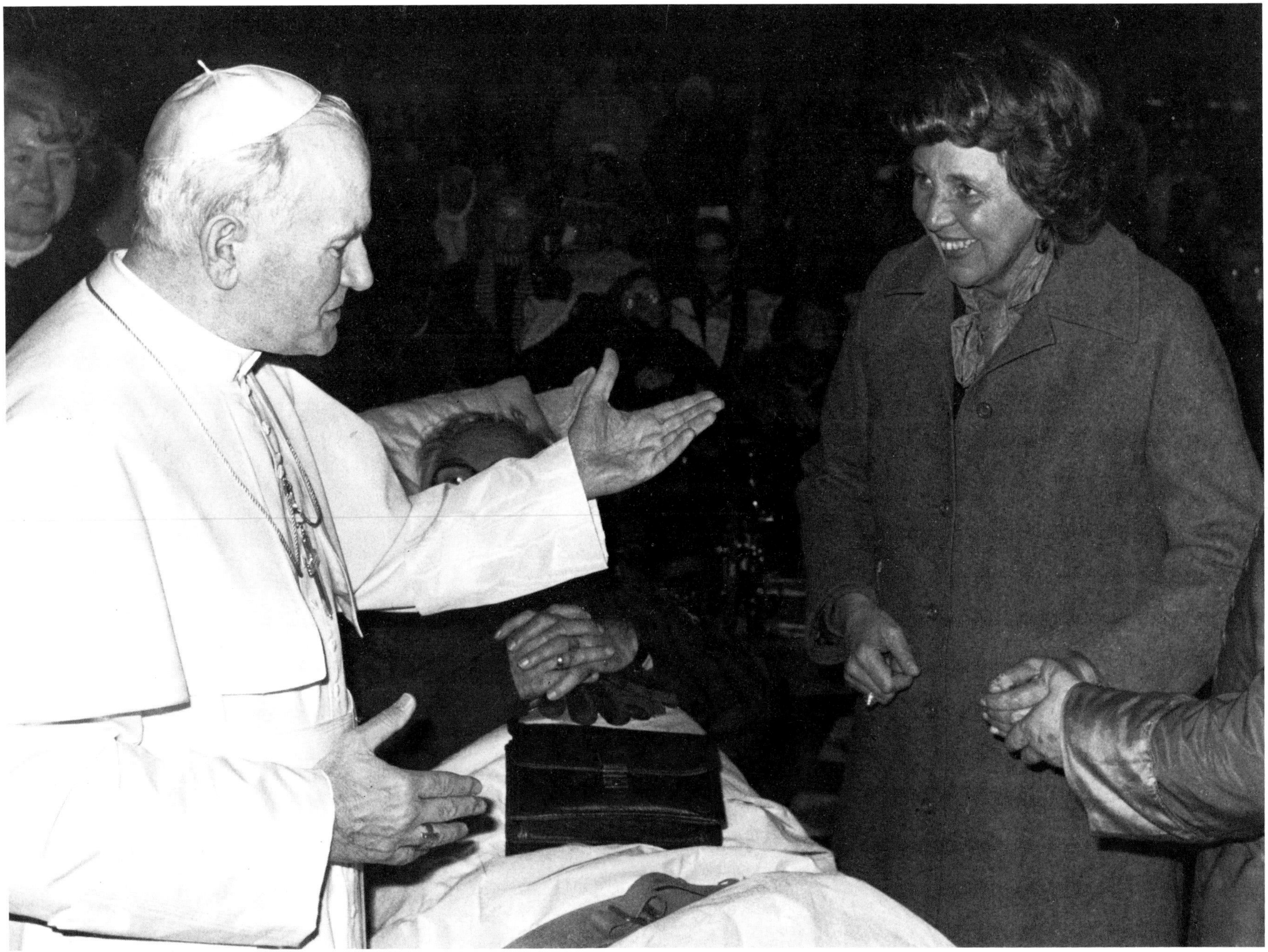

Mit dem „Sonnenzug“ in Rom – Empfang bei Papst Johannes Paul II.

schule und Gymnasium war mit einem gefahrlosen Schulweg für die Kinder. Die ständigen politischen Auseinandersetzungen, man denke nur an die „Spiegel-Affäre" oder die Wahlkämpfe 1969, 1972, 1976, 1980 und die damit verbundenen beispiellosen Kampagnen gegen meinen Mann, gehen natürlich auch an der eigenen Familie nicht spurlos vorüber.

Der Schauspieler Gustl Bayrhammer, der „Meister Eder" des berühmten Kobolds „Pumuckl", überreicht für das „Pumuckl"-Team Frau Marianne Strauß einen Scheck für das Sozialwerk der Bayerischen Multiple Sklerose-Gesellschaft.

So kommt der feste Zusammenhalt bei uns nicht von ungefähr; man braucht dazu vor allem ein gesundes Stehvermögen und ein gutes Stück Gottvertrauen. In stürmischen Zeiten hat mir mein Glaube stets Trost und Zuversicht gegeben.

Nicht alles an die große Glocke hängen

Seit die Kinder groß und meine eigene Familie „pflegeleicht" geworden sind, hat sich meine Arbeit nicht vermindert, wie man annehmen könnte. Nein, sie hat sich verändert und beträchtlich vermehrt, vielleicht deshalb, weil viele mich als eine Anlaufstelle in Sachen „Rat und Tat" ansehen, wo man sein Herz ausschütten und Verständnis erhoffen kann. Diese Erwartungen, die man an eine Art „Landesmutter" richtet, sind von mir selbst beim Einsatz aller Kräfte nicht erfüllbar. Schließlich bin ich nur ein nicht institutionalisierter „Ein-Frau-Betrieb", noch dazu ohne Privatsekretärin. Gleichzeitig muß ich mich um die tägliche Organisation unseres Lebens kümmern, und die Familie darf auch nicht zu kurz kommen.

Was ich aber tue, so gut ich es kann, ist offen sein, zuhören, Mut machen und konkret helfen, wenn dies im Einzelfall möglich ist.

Meine Arbeit habe ich bisher, soweit sie nicht vom Protokoll diktiert ist, überwiegend im Stillen getan; wichtige Dinge muß man häufig auch im Stillen tun, weil sie da besser gedeihen, wie man so schön sagt. Auf diese Weise habe ich viel erfahren und gesehen, aber auch unmittelbar erlebt, wie wichtig die zwischenmenschlichen Beziehungen, die Familie und das soziale und kulturelle Klima insgesamt sind. Glauben Sie mir, die Flut von Briefen und Anliegen, die mich täglich erreicht, sagt oft deutlicher, „wo

Ein Bild, das eine von Ministerpräsident Strauß und Frau Marianne Strauß begründete familienpolitische Tradition in Bayern signalisiert – Familien- und Kinderempfang der Bayerischen Staatsregierung

Für die Mitmenschen auf die Straße gehen – Marianne Strauß als Sammlerin für die Caritas

der Schuh drückt", als große Analysen und Programme.

Genauso lieb und wert ist mir meine ständige Mitarbeit innerhalb von Verbänden unserer Wohlfahrtspflege, wie zum Beispiel im Caritasverband der Erzdiözese München und Freising, im Kuratorium der Landesstiftung „Hilfe für Mutter und Kind", im Stiftungsrat der Stiftung Pfennigparade für Poliogelähmte und Körperbehinderte oder bei der Multiple-Sklerose-Gesellschaft in Bayern und vieles mehr, weil ich hier einen aktiven Beitrag für mehr Mitmenschlichkeit leisten kann.

Meine Kindheit (weil ich nicht so herumrennen konnte, wie ich wollte), aber auch die Arbeit in sozialen Einrichtungen haben mir praktisch vor Augen geführt, was Krankheit oder Behinderung bedeuten können. Ohne diese Erfahrungen könnte ich mich gar nicht glaubwürdig in der Öffentlichkeit für die vielen sozial- und gesellschaftspolitischen Brennpunkte einsetzen.

Ich für meinen Teil bin zu der Überzeugung gekommen, daß wir zuallererst das soziale Bewußtsein und den Mut zur Verantwortung für uns selbst und andere stärken müssen. Sonst wird nur zwangsläufig an den Symptomen herumkuriert. In den letzten Jahren habe ich deshalb versucht, gezielter auf die allgemeine Bewußtseinsbildung über unsere sittlichen Grundwerte, wie Ehe, Familie und Kinder, Einfluß zu nehmen. Hier geht es darum

– für klare Begriffe und Vorstellungen zu sorgen

– auf gravierende Veränderungen und Entwicklungen hinzuweisen

– kurz- und langfristige Auswirkungen durchsichtiger zu machen und

– schließlich langwierige und schwierige Entscheidungsprozesse – nach dem Motto „Steter

Tropfen höhlt den Stein" – in Gang zu bringen. So versteht sich zum Beispiel mein Eintreten für eine Neuorientierung der Familienpolitik, auf die ich später näher zu sprechen komme.

Kein Opfer des Terminkalenders

Eines meiner ständigen Probleme ist, wie könnte es anders sein, die „Zeit". Auch bei mir hat der Tag leider nur 24 Stunden. Um so wichtiger ist es, daß ich mir, wenn es darauf ankommt, „die Zeit einfach nehme". Trotzdem gelingt es mir nicht, ein besonders angenehmes und geruhsames Leben zu führen, wie manche glauben. Ich lade gerne jeden ein, einmal einen Blick in meinem Terminkalender zu werfen, der in dieser Art durchaus der Durchschnittsform entspricht. Zum Beispiel:

Montag, 21. 11. 1983: Flug nach Berlin, Antrittsbesuch meines Mannes als Bundesratspräsident, Besuch und Besichtigung von Schloß Charlottenburg, anschließend Gespräch in der Caritas-Sozialstation, einem echten Relais der Nächstenliebe, vor allem für Alte und Hochbetagte, abends Rückflug nach München.

Dienstag, 22. 11. 1983: Mittagessen auswärts mit einem alten Freund der Familie, schwer operiert, seine Frau ist wegen der kranken Eltern mit beiden Söhnen in die Heimat nach Südamerika zurückgekehrt. Er hat seine Familie seit Jahren nicht gesehen.

15.30 Uhr Empfang für die Sammlerinnen und Sammler der Wohlfahrtsverbände aus verschiedenen Teilen Bayerns im Antiquarium, dem wohl schönsten Festsaal nördlich der Alpen, so recht geeignet, jenen zu danken, die sich freiwillig in den Dienst einer guten Sache stellen.

18.30 Uhr Eröffnung einer Weihnachtsausstellung in der Filiale der Bayerischen Vereinsbank an der Leopoldstraße. Die Ausstellungsstücke sind mit viel Liebe und handwerklichem Können in der Werkstatt für Körperbehinderte in der Pfennigparade hergestellt worden und verkaufen sich gut. Die Behinderten organisieren den Verkauf selbst und finden auch viel Verständnis bei den Bankangestellten in der Schalterhalle. Als Mitglied des Stiftungsrates der Pfennigparade bin ich mit dieser Behindertenarbeit sehr verbunden und freue mich natürlich, wenn ein Integrationsversuch, wie hier in der Bayerischen Vereinsbank, gelingt.

Besuch in der Dorfhelferinnen-Schule Wies bei Freising – Marianne Strauß im Gespräch mit Geistlichem Rat Paul Wohlfrom, dem katholischen Landvolkseelsorger in Bayern.

Mittwoch, 23. 11. 1983: 12.30 Uhr Mittagessen mit den weiblichen Landtagsabgeordneten, die mir von ihrer Arbeit und von Anliegen der Bevölkerung erzählen.

17.30 Uhr Vergabe des Avon-Preises „Die besondere Frau". Die Kosmetikfirma Avon hatte einen Wettbewerb ausgeschrieben. Die Jury, der ich angehörte, hatte die Aufgabe, aus einer Vielzahl von Bewerbungen sechs gesellschaftlich und sozial besonders engagierte Frauen zu ermitteln.

Donnerstag, 24. 11. 1983: Fahrt nach Bonn mit Übernachtung, Abendessen im Palais

Sozialer Einsatz überall in Bayern – Marianne Strauß in einem Nürnberger Altenheim

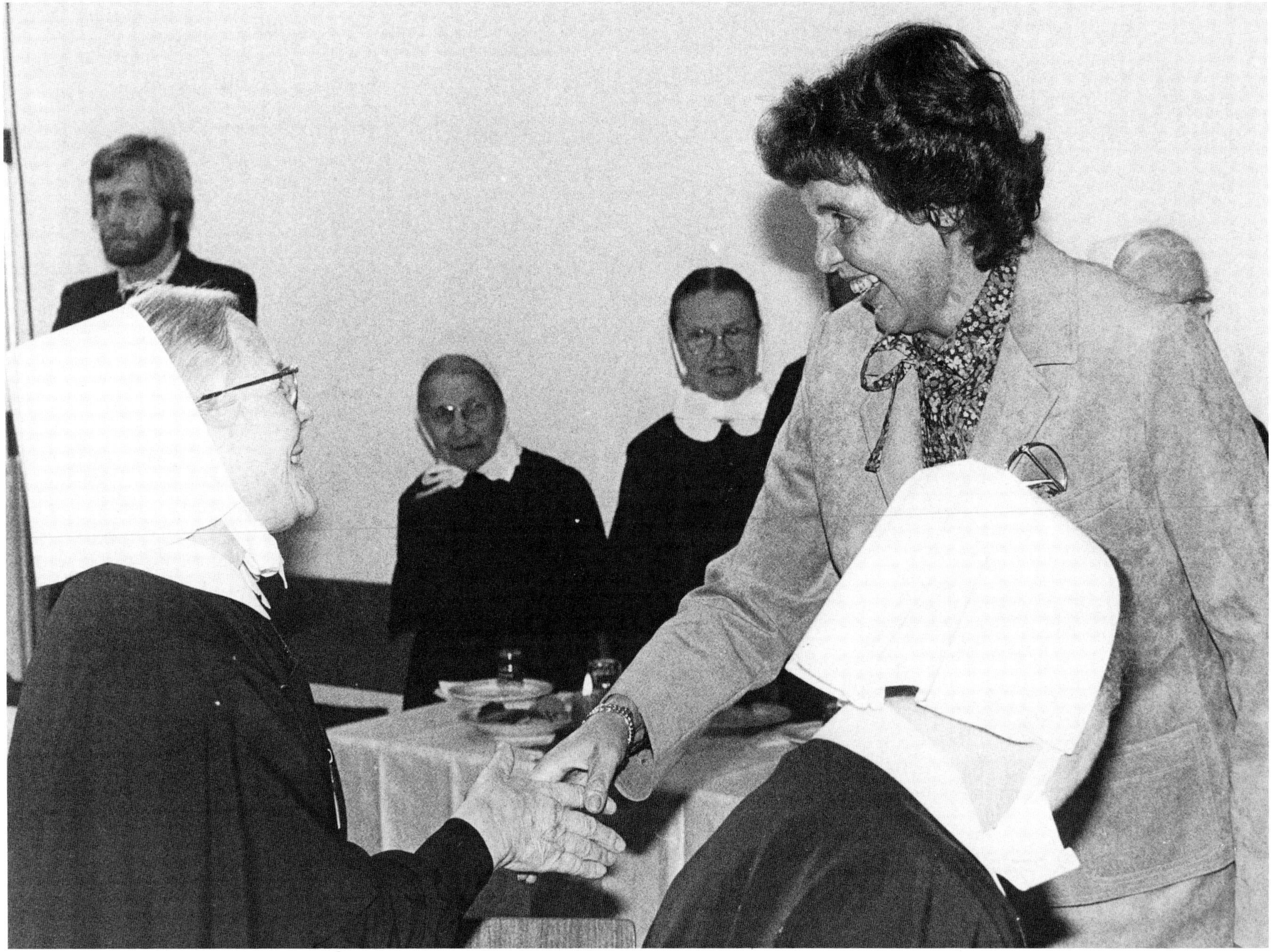

Besuch im Diakonissenhaus Mindelheim

Dasein für jene, die besonderer Zuwendung und Hilfe bedürfen

Schaumburg anläßlich des Besuchs der isländischen Präsidentin in Vertretung des Bundespräsidenten.

Freitag, 25.11.1983: Gleich frühmorgens zurück nach München, mein Mann fliegt nach Rom.

11 Uhr Verleihung der Sozialmedaille an 63 Bürger, darunter auch an mich.

15 Uhr Besprechung bei der Multiple-Sklerose-Gesellschaft über das Projekt Kempfenhausen, dem ersten Spezialkrankenhaus für MS-Kranke in Deutschland.

18 Uhr Abendessen anläßlich des Namenstages unserer Haushälterin. Sie ist mit der Familie sehr verbunden, hat die Kinder seit der Geburt aufgezogen und miterzogen, weshalb sie bei uns hoch angesehen ist.

Samstag, 26. 11. 1983: Den Tag über am Schreibtisch verbracht.

20 Uhr anstelle meines Mannes Besuch der Tanzweltmeisterschaften, deren Schirmherrschaft er übernommen hat.

Sonntag, 27. 11. 1983: 19 Uhr Neuinszenierung der Oper „Carmen" – wieder mal ein unnötig verfremdeter Klassiker des Opernrepertoires.

Montag, 28. 11. 1983: 10 Uhr Übergabe der Hertie-Einkaufs-Ausweise vor der Presse für die freien Träger der Schwangerschaftsberatungsstellen, welche durch die Landesstiftung „Hilfe für Mutter und Kind" unterstützt werden.

15 Uhr Katholikentagkommission „Wähle das Leben"; der Katholikentag findet im Juli in München statt. Es muß das Programm für drei Tage und die Ausstattung der Halle 18 erarbeitet werden.

Dienstag, 29. 11. 1983: vormittags: Zwei Besprechungen, dann Einkaufen für die großen Weihnachtspakete, anschließend Arbeit am Schreibtisch.

Mittwoch, 30. 11. 1983: Besuch im Wahlkreis von Staatssekretär Georg von Waldenfels (Hof), Ende 15.30 Uhr, danach Rückfahrt bei scheußlichem Wetter (vier Stunden) zur Fraktionsweihnacht in Aying bei München. Sehr schöner Abend.

Donnerstag, 1. 12. 1983: 14 Weihnachtspakete an Rentner und Familien mit Kleinkindern in der DDR gepackt. Habe diese Betreuung 1957 übernommen und führe sie seitdem durch, was „drüben“ hochwillkommen ist.

Abends Empfang mit Abendessen zum 70. Geburtstag von Filmproduzent Luggi Waldleitner, einem guten Freund der Familie.

Freitag, 2. 12. 1983: Nachts Weihnachtslisten und Bestellungen nochmal durchgelesen – (sowas geschieht nur nachts, tags habe ich dazu keine Zeit).

Samstag, 3. 12. 1983: Morgens noch andere Pakete packen, spätvormittags geht die Maschine nach Hamburg (Familienfeier). 18 Uhr Beginn der Feier zum 80. Geburtstag von Tante Hanna, 85 Personen, Familienmitglieder, dazu auch manche alte Freunde.

Sonntag, 4. 12. 1983: zurück nach München.

Montag, 5. 12. 1983: 10 Uhr Katholikentagskommission (ganztägig).

Dienstag, 6. 12. 1983: 7.30 Uhr Abfahrt, Altenheimbesuche in Dillingen, Lauingen, Krumbach, insgesamt fünf Veranstaltungen mit mindestens 300 Einzelaufnahmen. Die Senioren freuen sich am meisten über ein schönes Erinnerungsphoto.

Circa 18 Uhr Weihnachtsbasar bei Bettina von Siemens für die Multiple-Sklerose-Taschengeldaktion des Gardenclubs.

Mittwoch, 7. 12. 1983: Mittagessen mit Frau Eleonore von Tucher, die sich seit Jahren mit aller Kraft für das Bayerische Rote Kreuz einsetzt. Dabei kann ich Sachspenden für bedürf-

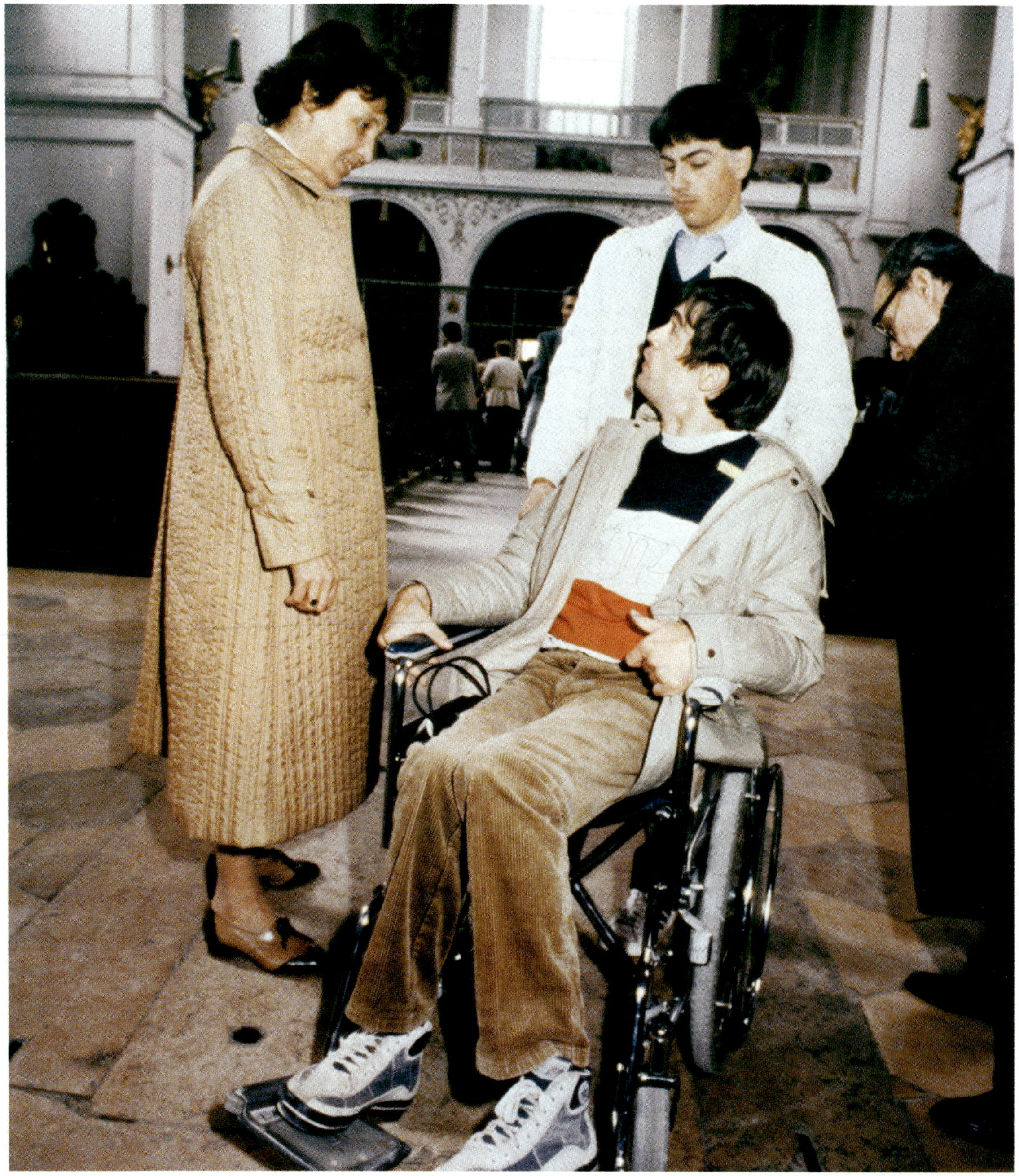

Nicht unverbindliche Floskel, sondern eingehendes Gespräch – Marianne Strauß mit Behinderten

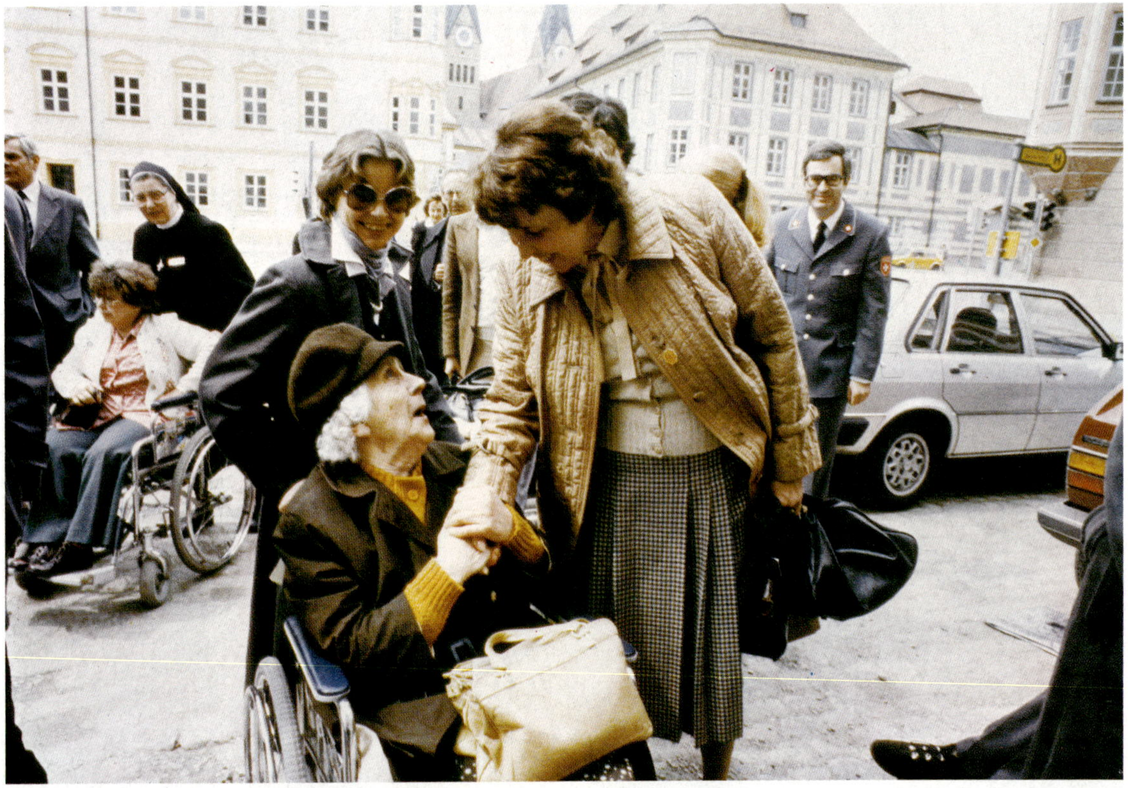

„Sonnenzug" nach Eichstätt – die Menschen suchen Halt bei Marianne Strauß.

tige Alleinerziehende lockermachen. Anschließend Altennachmittag im Antiquarium mit etwa 350 Einzelaufnahmen. Viele Senioren haben niemanden mehr. Sie brauchen gerade zu Weihnachten ein bißchen Geborgenheit und Fröhlichkeit. Anschließend Sitzung des Kontaktkreises Kultur, der die Voraussetzungen für bestimmte Maßnahmen in langjähriger, harter, unentgeltlicher und freiwilliger Arbeit aller Beteiligter für den Ministerratsbeschluß vom 7. 2. 1984 geschaffen hat. Wir bewunderten die so herrlich wieder hergestellte Blutenburg zusammen mit Stadtrat Vogelsgesang, dessen Verdienst diese Kulturgroßtat ist.

Donnerstag, 8. 12. 1983: 8 Uhr Abfahrt nach Würzburg. Einweihung einer der größten Bundesbahnbaustellen, Übernahme der Patenschaft für einen Tunnel von 1800 m Länge. Arbeiter und Baufirma freuen sich über die Anerkennung und das gute menschliche Klima. Übrigens, weil die heilige Barbara die Schirmherrin der Berg- und Tunnelbauleute ist, bekommt jeder Tunnel während des Baus auch eine eigene Patin.

Freitag, 9. 12. 1983: 20 Uhr Geburtstagsfeier im Familien- und Freundeskreis.

Samstag, 10. 12. 1983: 10 Uhr Weihnachtsfeier der Kriegsblinden mit Ansprache meines Mannes. Das Kurt-Graunke-Orchester spielt hervorragend und gibt der Feier Stil und Gepräge.

14.30 Uhr Bad Griesbach – Weihnachtsbasar und Tombola für einen Behindertenbus, die einen guten Erfolg bringen. Daß die Tage vor Weihnachten immer hektischer werden, das erlebt heute jeder. Deshalb breche ich aus Platzgründen hier meinen Terminkalender ab. In jedem Falle gibt er mir, wie Sie sehen, genügend Gelegenheit, viele Menschen kennenzulernen und Kontakte zu pflegen.

Was mir wichtig ist

Mit dem Attribut „Landesmutter", mit dem man mich hier und da schmücken zu müssen glaubt, tue ich mich etwas schwer. Ich glaube, man sollte die Begriffe „Mutter" und „Vater" im wesentlichen da lassen, wo sie hingehören, in der Familie. Wenn ich aber dazu beitragen kann, Brücken der Verständigung zu bauen und Anliegen an die richtigen „Stellen" zu bringen, dann geschieht dies in der ehrlichen Absicht zu helfen, ohne groß darüber zu reden. Ich betreibe dieses „Geschäft" seit eh und je mit Geduld und Beständigkeit, manchmal mit Erfolg, manchmal auch mit Mißerfolgen. Lassen Sie mich deshalb noch auf einige Schwerpunkte zu sprechen kommen, die mir besonders am Herzen liegen:

Unsere Behinderten brauchen menschliche Zuwendung

Was eine Behinderung, sei sie körperlicher, seelischer oder geistiger Natur, an menschlichen Entbehrungen, Zurücksetzungen und Belastungen mit sich bringen kann, das weiß in seiner ganzen Härte letztlich nur der zu ermessen, der ein solches Schicksal selbst hinnehmen muß oder in der eigenen Familie mitträgt. Mit schö-

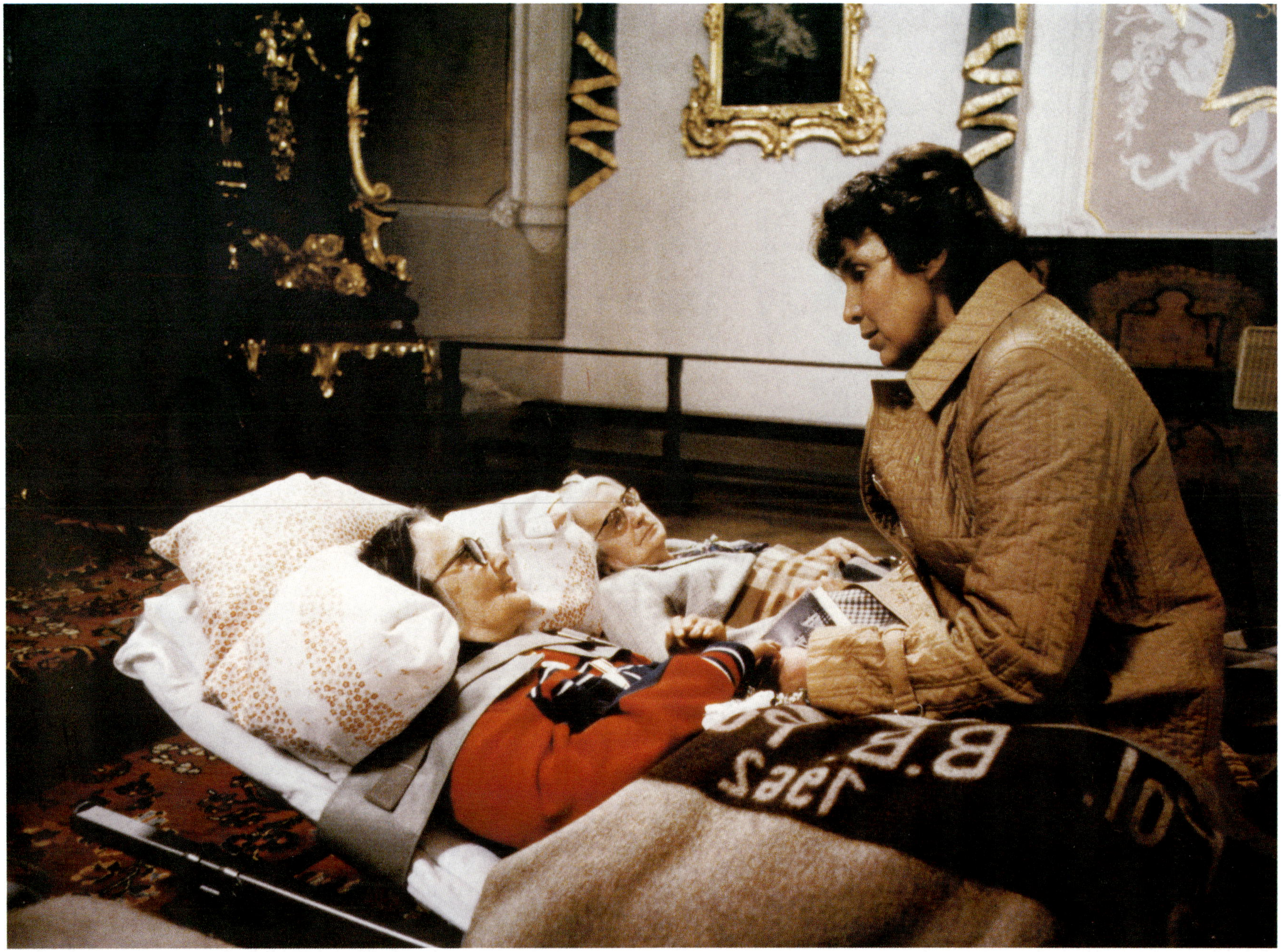

Ein Bild christlicher Caritas . . .

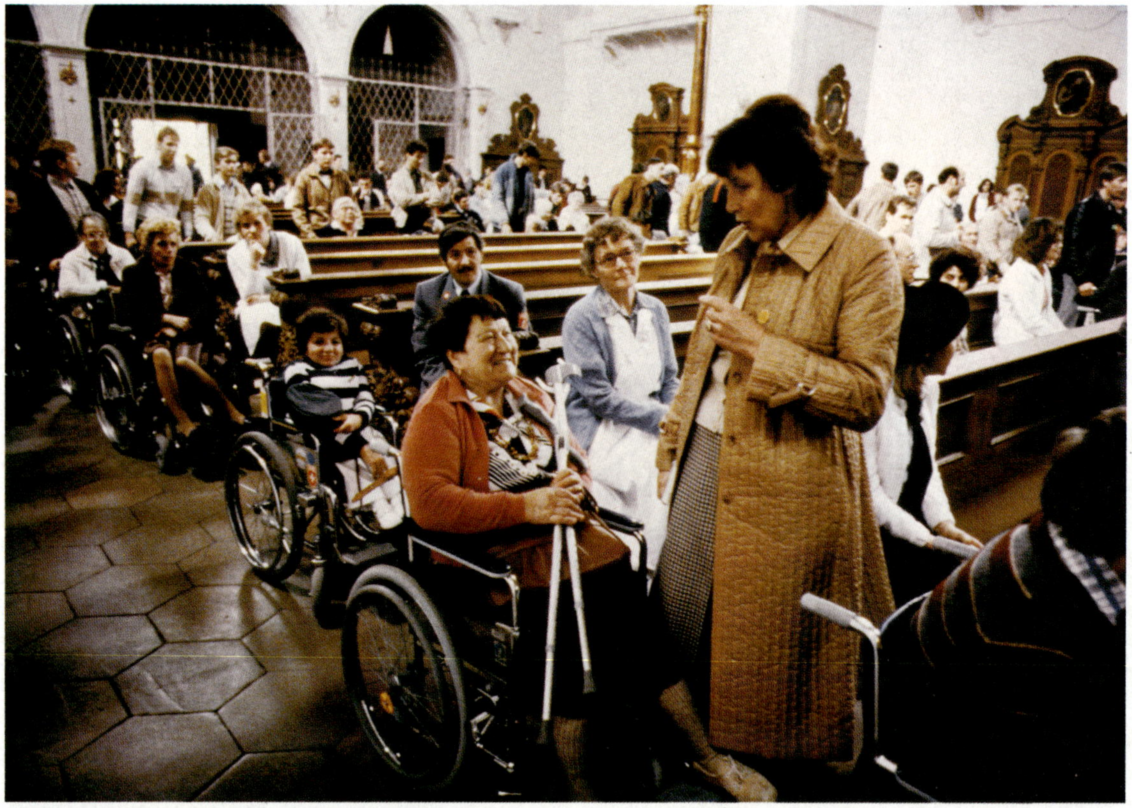
Die Menschen ernst nehmen und auf ihre Fragen eingehen . . .

nen Worten ist da nichts getan, hier ist praktische Hilfe vonnöten, die den Alltag wenigstens etwas entlasten kann. So habe ich mitgeholfen, im Schulbereich behindertengerechte Einrichtungen, wie Aufzüge für Rollstuhlfahrer, einzubauen, oder einen Pflegedienst für Familien mit schwerkörperbehinderten Kindern in der Pfennigparade zu organisieren. Jeder könnte eigentlich dazu beitragen, daß es Familien mit Behinderten etwas leichter haben, daß es auch hier etwas Freude und Abwechslung gibt, von der man wieder zehren kann.

Durch die Einschränkungen der unentgeltlichen Beförderung (sogenannten Freifahrten) verlieren gerade Behinderte auf dem flachen Land die Möglichkeit zum Besuch von Freunden, von Selbsthilfeorganisationen, von kulturellen Veranstaltungen wie Konzerte, Vorträge, Vorlesungen und Kurse. So gesehen erfüllt auch der „Sonnenzug", den wir alljährlich für Schwerpflegebedürftige zusammenstellten, eine sehr wichtige Aufgabe, weil Behinderte wie Langzeitkranke oft jahrelang nicht aus dem Haus kommen.

Es gibt auch andere gute Beispiele, wie etwa die Arbeit im Rottalstift in Bad Griesbach. Hier ist dank der besonderen Fähigkeit der Niederbayern, „mit dem Herzen zu denken", eines der wenigen Häuser entstanden, die neurologisch Schwerstkranken Geborgenheit und echte Lebenshilfe bieten können. Seit 1977 hat das Rottalstift über 1600 Patienten aufgenommen. Viele dieser Schwerstkranken leiden unter starken Depressionen. Sollen diese Menschen jahrelang im Bezirkskrankenhaus leben, nur weil sie wegen der Schwere ihrer Krankheit selbstmordgefährdet sind und es gelegentlich zu Verzweiflungstaten kommt?

Ich finde es richtiger, daran zu denken, daß gerade solche Menschen Geborgenheit, liebevolle Zuwendung und beständige Außenkontakte brauchen, wie Ausflüge ins Kurzentrum, zum Kaffeenachmittag mit der Frauenunion, mal abends ins Konzert oder gelegentlich ins Theater. Selbst Veranstaltungen im eigenen Haus geben immer wieder neuen Mut, und vor allem führen sie heraus aus der Enge des Alltags. Lebensfreude ist das, was aktiv macht und nicht eingesperrt sein hinter Glas, hinter Mauern, hinter Gittern.

Jedes Gesicht ist schön, wenn Freude darin zu lesen ist. Ich halte wenig davon, durch die Geschäftigkeit von Sitzungen und Repräsentanz „Liebe zur ganzen Menschheit" dokumentieren zu wollen.

Viel schwieriger, aber auch viel wichtiger ist die Liebe von Mensch zu Mensch, das heißt die Integration, zu deutsch, das Teilnehmenlassen gerade jener Menschen, die im Schatten stehen.

Mehr Anerkennung für die Hausfrauen und Mütter

Alles strebt heute nach Erwerbstätigkeit, weil unser System der sozialen Sicherheit weitgehend an die Eigenschaft als Arbeitnehmer gebunden ist, das gesellschaftliche Ansehen von einem ge-

. . . Marianne Strauß mit Behinderten im Eichstätter Dom

Nürnberger Gespräch – Marianne Strauß mit alten Menschen, neben ihr Stadträtin Helen Jungkunz und Bundesminister Dr. Oscar Schneider

ordneten Lebensstandard abhängt, die gewonnene Freiheit entsprechend genutzt und die Altersversorgung gesichert werden soll. „Nur-Hausfrauen" und Mütter, die noch dazu die verantwortungsbewußte Aufgabe übernehmen, mehrere Kinder zu vernünftigen und zuverlässigen Menschen zu erziehen, stehen dagegen „im Abseits". Sie leiden unter der Geringschätzung ihrer Leistung und sozialen Stellung, vermissen häufig auch die persönliche Anerkennung des eigenen Ehemannes und der Eltern und sind obendrein ohne eigene verläßliche Alterssicherung. Das ist ungerecht und auf alle Fälle sehr kurzsichtig. Es kann unserem Volk noch seine künftige Existenzgrundlage kosten, wenn keine junge Generation mehr nachwächst.

Auch für die jungen berufstätigen Mütter, die jahrelang die ständigen Mehrfachbelastungen von Haushalt, Kindererziehung und Beruf aushalten müssen, verschärft sich die soziale Lage zusehends. Erst wenn eine junge Frau plötzlich umkippt, die Kinder in der Schule versagen oder die Ehe in die Brüche geht, beginnt man sich nach möglichen Ursachen zu fragen. Hat vorher vielleicht zu sehr der Wahlspruch gegolten: „Hauptsache, daß wir (die Männer) g'sund san und unsere Frauen arbeiten können"? Wo war die mithelfende Partnerschaft in der Familie – vor allem von seiten des Ehemannes und der Eltern? Wie lange müssen wir noch auf eine vernünftige Familienpolitik warten, die die sozialrechtlichen Defizite der Frau und Mutter beseitigt und die finanzielle Entlastung dafür schafft, daß Mütter in der Kleinkind- und Vorschulphase nicht zur außerhäuslichen Berufstätigkeit gezwungen sind – eine Politik, der die Regeneration und Rehabilitation der Mütter am Herzen liegt und die dafür sorgt, daß die Erziehungszeiten bei der Rente Berücksichtigung finden?

Vereint im Einsatz für die Multiple Sklerose-Kranken: Veronika Carstens u. Marianne Strauß – gemeinsames Vergnügen bei einer medizinischen Lockerungsübung

Kaffee und Kuchen für alte Menschen – Marianne Strauß als Gastgeberin im Antiquarium der Münchner Residenz

Landfrauen noch stärker belastet

Anfang des Jahres habe ich immer Gelegenheit zum Besuch von Landfrauentagen. Hier höre ich viele Sorgen und arge Probleme, die vor allem auch aus dem Fehlen einer kompetenten mithelfenden Arbeitskraft herrühren.

Heute kann sich der Bauernhof keine „überzähligen" Kinder mehr leisten, die Kinder sind „gezählt". Die Leidtragende dieser Entwicklung ist vor allem in den Nebenerwerbsbetrieben die überlastete Hausfrau und Mutter. So ist heute bei den Landfrauen ein zunehmender Anflug von Niedergeschlagenheit festzustellen, zusammen mit einem angeschlagenen Gesundheitszustand, der von der chronischen Hetze und Überarbeitung stammt. Die Landfrauen haben schwierige Zeiten zu meistern, zur Arbeit in Haus und Hof kommt die Erziehung der Kinder und häufig auch die Sorge und Pflege für die weichende Generation. So beklagt heute das Müttergenesungswerk „eine Häufung der gesundheitlichen Beschwerden" bei den Müttern, immer mehr seien „am Rande des totalen seelischen und körperlichen Zusammenbruchs".

Viele haben nicht mehr die Energie, eine Mutterkur anzutreten, weil sie völlig überfordert sind und weil sie die Familie nicht alleinzulassen wagen. Für sie wird jetzt versucht, wenigstens eine Art Kurzurlaub in Form von sogenannten Anti-Streß-Wochen anzubieten.

In allen Altersstufen ist der Gesundheitszustand der Landfrauen deutlich schlechter als bei den Städterinnen. Besorgte Mütter raten deshalb häufig ihren Töchtern selbst ab, Landfrau zu werden. Das führt zwangsläufig dazu, daß viele Jungbauern keine Bäuerin für sich und ihren Hof finden. Das Fehlen oder der Verlust der Bäuerin bedeutet aber für einen Bauernhof nahezu das Todesurteil.

Soziale Verantwortung und praktische Hilfe kennen keine Grenzen – Franz Josef und Marianne Strauß in einem Lager afghanischer Flüchtlinge in Pakistan

Ehrung für die Landesmutter – aus der Hand von Sozialminister Dr. Fritz Pirkl erhielt Marianne Strauß die Medaille für soziale Verdienste, mit der der Freistaat Bayern Bürger ehrt, die sich durch besonderen Dienst am Nächsten auszeichnen.

So wird es ganz entscheidend von den Landfrauen und unserer Wertschätzung für sie abhängen, ob der Bauernstand auch nach dem Jahr 2000 noch eine Zukunft vor sich hat. Ob es trotz vielfältiger Veränderungen weiterhin gelingt, Familientradition und kulturelles Erbe auf den Höfen zu erhalten.

Immer mehr alleinerziehende Elternteile

Alles sieht so aus, als ob unserem Land nach der Halbierung der Geburtenzahl noch eine familiäre Katastrophe großen Ausmaßes bevorstünde. Allein in den letzten zehn Jahren hat die Zahl der Scheidungswaisen unter 18 Jahren im Bundesgebiet und in Bayern um 60 Prozent zugenommen. Ganz abgesehen von dem tiefen menschlichen Leid und dem finanziellen Fiasko, das über die betroffenen Familien hereinbricht, beschäftigt mich immer mehr der Gedanke, was wohl aus den Kindern werden wird. Denn diese Kinder werden wie ihre Mütter beziehungsweise Väter in besonderem Maße unter Einsamkeit, Isolation, Gefühlen des Entwurzeltseins sowie gestörtem Selbstwertgefühl zu leiden haben.

Die üblichen Schuldzuweisungen gehen hier am Kern der Probleme vorbei, sie sind zudem wenig christlich und tragen nichts zu einer Verbesserung der Situation bei. Vergessen wir nicht, daß der Mangel an dauerhafter Bindungsfähigkeit bei vielen eine Spätfolge der Kriege und Nachkriegszeiten mit ihren zum Teil bitteren Kindheitserlebnissen ist.

Während in den 60er Jahren jede achte Ehe geschieden wurde, ist es heute fast schon jede dritte – und zwar im Durchschnitt bereits in den ersten fünf Ehejahren, solange die Kinder noch klein sind. Es gibt viele Gründe für diese traurige Bilanz: die schon erwähnte fehlende Bin-

Unverwechselbarer und unvergleichlicher Termin im Jahreslauf der bayerischen Landeshauptstadt – Franz Josef Strauß und Marianne Strauß mit politischer Prominenz beim Salvator-Anstich auf dem Münchner Nockherberg.

dungsfähigkeit, die veränderten religiösen und moralischen Einstellungen, das neue Scheidungsrecht, die größere Unabhängigkeit der berufstätigen kinderlosen Frauen, die Geringschätzung der häuslichen Leistung der Frauen, die Wohnungsnot in den Ballungsräumen, die Isolation vieler junger Familien und häufig auch die zu knappe Finanzdecke infolge zu hoher Steuern und Sozialabgaben. Mit der Not kommt bekanntlich auch der Streit. Der heutige Lebenszuschnitt (Miete, Lebenshaltungskosten) geht von einem Haushalt mit zwei vollen Einkommen aus.

Der Verdienst der Frau ist bei der jungen Arbeitnehmerschaft fest eingeplant, denn ein Tarifentgelt reicht nicht für drei bis vier Personen. Ein Gemeinwesen, das auf Kinder wenig Rücksicht nimmt, ein Steuersystem, das die höchste Abgabenquote an Steuern und Sozialabgaben aufweist, die in Deutschland jemals vom kleinen Mann verlangt worden ist, ein Wohnungsmarkt, voller Probleme für junge Eltern – das alles sind Schwierigkeiten, denen Ehen und Familien im privaten Bereich immer häufiger nicht mehr gewachsen sind.

Die Vereinbarkeit von Familie und Beruf, in intakten Familien oftmals schon ein großes Problem der Mütter, wird für die Alleinerziehenden zur Quadratur des Kreises. Einerseits besteht der Zwang, die Halbfamilie nicht selten wirtschaftlich allein absichern zu müssen. Andererseits verlangt die Verantwortung und die Liebe zum Kind danach, sich um seine gesunde Entwicklung besonders zu kümmern.

So ist es nicht verwunderlich, daß die meisten Hilferufe, die mich erreichen, von alleinerziehenden Müttern und Kindern stammen, sei es, daß sie auf der Suche nach einer Wohnung sind, finanziell in Not sind oder mit dem Kind nicht ein noch aus wissen. Wo es möglich ist, versuche ich selbst im Notfall „einzuspringen“ und auch die Treffpunktarbeit für Alleinerziehende, die von Kirchen und Verbänden geleistet wird, zu unterstützen. Allerdings sehe ich in dieser Arbeit nirgends einen „Silberstreifen am Horizont“. Kaum sind die hilfesuchenden Mütter über die ersten Klippen hinweggebracht, zeigen sich neue. Zudem macht sich die drohende Arbeitslosigkeit als weiterer Unsicherheitsfaktor bei den alleinstehenden Müttern deutlich bemerkbar.

Wenn die junge Generation nicht die Möglichkeit hat, ihr persönliches Lebensglück auf einer tragfähigen ethischen und materiellen Grundlage aufzubauen, und wenn künftig nicht mehr für die Erhaltung bestehender Ehen getan wird, dann fürchte ich, dürfte es kaum möglich sein, die Zahl der Scheidungen mit ihren verheerenden Folgen einzudämmen. Ich würde mir aber auch wünschen, daß die Umwelt, der Betrieb oder die örtliche Hausgemeinschaft mehr Hilfsbereitschaft gegenüber jungen Eltern zeigen.

Die Not der jungen Familien

Auf dem Hintergrund des soeben Dargelegten empfinde ich die Not der jungen Generation ganz allgemein zunehmend bedrückender. Ich sage ganz bewußt „Not“, weil die Öffentlichkeit den furchtbaren Engpaß, in den junge Leute geraten, die eine Familie gründen und Kinder haben möchten, immer noch nicht wahrhaben will. Wir können nicht guten Gewissens zusehen, wie die junge Generation bei der Verwirklichung ihres menschlichen Lebensziels, das man gemeinhin das Lebensglück nennt, ich meine, Eltern zu werden und Kinder zu haben, mit leeren Worten vertröstet und enttäuscht wird.

Trotz ständig steigender Kosten müssen heute 30 Prozent der jungen Familien monatlich mit 1800 bis 2500 DM netto und 20 Prozent sogar mit weniger als 1800 DM auskommen. Bei der Geburt von Kindern fällt zumindest zeitweise das Erwerbseinkommen der Ehefrau weg, während gleichzeitig höhere Kosten für Kinderbedarf und Miete anfallen. Hier kann nur – neben weiteren Maßnahmen und unabhängig von der Dauer des Mutterschaftsurlaubs – das von meinem Mann geforderte mehrstufige Mutterschaftsgeld den Unterhalt sichern helfen.

Auch von der älteren Generation erbitte ich Mitmenschlichkeit und Mithilfe für die junge Familie anstelle von Besitzansprüchen, so verständlich diese auch sein mögen. Der Generationenvertrag gilt nicht nur in einer Richtung, sondern schließt die Achtung vor der Würde und den Bedürfnissen des Menschen jeder Altersstufe mit ein. Im gezielten Eintreten für die junge Familie, worunter ich Eltern unter 35 Jahren mit Kindern verstehe, sehe ich deshalb die Priorität Nummer 1, ohne deshalb die Senioren beiseite zu schieben. Diese Priorität zu verwirklichen, ist nicht nur Aufgabe der Familienpolitik, sondern der Solidargemeinschaft. Es muß schnellstens ein Umdenken zu mehr Familien- und Kinderfreundlichkeit erreicht werden.

Kinder dürfen nicht länger als Störfaktoren an den Rand unserer Gesellschaft gedrängt werden. Sie müssen wieder zum behüteten Mittelpunkt und Sinn unseres Lebens werden.

Wenn diese Kolumne dazu ein wenig beitragen könnte, wäre dies ganz im Sinne meiner Arbeit. Dafür darf ich mich schon heute bei der PNP und bei Ihnen, Herr Hatz, sehr herzlich bedanken.

Mit freundlichen Grüßen
Marianne Strauß

Das Ehepaar Strauß mit dem Sänger Hermann Prey. Beim feierlichen Requiem für Marianne Strauß im Münchner Liebfrauendom sang der Künstler „Wenn ich einmal soll scheiden . . .“

Marianne Strauß bei der Landesversammlung des Familienbundes Deutscher Katholiken in Bayern im April 1984 in Würzburg. Frau Strauß hielt dort eine vielbeachtete und programmatische familienpolitische Rede.

Familie muß Mittelpunkt bleiben

Am 24. und 25. April 1982 fand in Würzburg die Landesversammlung des Familienbundes der Deutschen Katholiken in Bayern – unter Mitwirkung der Katholischen Elternschaft Deutschlands – statt. Marianne Strauß nahm diese Veranstaltung zum Anlaß, in der ihr eigenen engagierten Weise zum Thema Familie Position zu beziehen.

Zunächst möchte ich mich bei Ihnen allen sehr herzlich für die liebenswürdige Einladung bedanken, vor allem auch für die so freundliche Begrüßung. Mein besonderer Dank gilt aber ihrem Ehrenvorsitzenden, Herrn Alfons Bönig, dessen Leistung im Dienste des Familienbundes in über 25 Jahren immer wieder die uneingeschränkte Anerkennung und Bewunderung aller Anwesenden und in einer breiten Öffentlichkeit gefunden hat, und das will in unserer sehr kritischen Zeit von heute etwas bedeuten.

Verehrte Damen und Herren! Ihre Einladung, hierher zu kommen, freut mich. Aber ich weiß ganz genau, wem diese Ehrung eigentlich gilt. Mein Mann hat mich gebeten, Ihnen seine herzlichen Grüße und Wünsche zu übermitteln. Verbunden damit ist sein aufrichtiger Dank, auch im Namen der Bayerischen Staatsregierung, für die beharrliche, unermüdliche und zielstrebige Arbeit, die der Familienbund im Dienste der Familie seit über einem Vierteljahrhundert leistet.

Die Generation der 50jährigen

Wenn ich recht unterrichtet bin, und ich glaube, das trifft zu, sind wir alle altersmäßig im gestandenen „Mittelalter“. Gerade das ist für mich als Rednerin des Tages ein gewisser Vorteil. Wir bilden dadurch eine homogene Gruppe, die eine gemeinsame Sprache spricht und von gemeinsamen Vorstellungen geprägt ist. Es besteht also weniger die Gefahr von Mißverständnissen, weniger die Gefahr des Aneinandervorbei- und des Auseinanderredens.

Man nennt uns, die 50jährigen, die sogenannte „Sandwichgeneration“. Dies deshalb, weil fast jeder 50jährige noch mindestens einen Elternanteil zu versorgen hat, bei den 65jährigen sind es immerhin noch 25 %. Auf der anderen Seite sind die Kinder schon erwachsen oder zumindest bereits in der Berufsausbildung. Manch einer von uns hat sogar schon Enkelkinder.

Die letzten 50 Jahre – auch Schicksalsjahre der Familie: Krieg und Wiederaufbau

Diese Generation hat den Zweiten Weltkrieg noch voll mitgemacht, ob als Heranwachsender oder Erwachsener, ob in der Heimat oder draußen an der Front: Bombennächte, das schauerliche Kriegsende, den Verlust lieber Angehöriger, die Besetzung Deutschlands, die Flucht und Vertreibung aus der Heimat. Viele von Ihnen, die Sie heute hier sitzen, haben im Krieg, oft als ganz junge Menschen, Entsetzliches erlebt, Schlimmes erduldet und haben danach mit wenig oder gar nichts neu anfangen müssen.

Nach dem Krieg und den Bombennächten kamen der Hunger und das Regime der Besatzungsmächte. 1946 waren die ersten Wahlen auf kommunaler und auf Landesebene. Der Bayerische Landtag, dem mein Vater angehört hat, konstituierte sich, die Verhältnisse wurden nun allmählich besser. Der Juni 1948 brachte die Währungsreform. Inzwischen war es zum Verbund der drei westlichen Besatzungszonen gekommen, die dann, 1949, die Bundesrepublik Deutschland bilden sollten.

Es begann jener beispiellose Aufstieg der Bundesrepublik, der mit den Namen Konrad Adenauer und Ludwig Erhard unlösbar verbunden ist, und der unserem Volk dank der Idee und des Inhaltes der Sozialen Marktwirtschaft, aber auch des Fleißes und der Zähigkeit, der Unerschütterlichkeit und nicht zuletzt des Gottvertrauens der Menschen, einen bisher nichtgekannten Wohlstand und ein leistungsfähiges, zuverlässiges Netz der sozialen Sicherheit gegeben hat. Es war dies aber auch vor allem eine Zeit der Hoffnung und der Sicherheit für unsere Familien.

Nach 1969: Familienfeindliche Propaganda – familienfeindliche Politik

Die Feinde unserer freiheitlichen Ordnung, die auf Wert- und Gewissensbindung gegründet ist, die Systemüberwinder, die Propagandisten einer falsch verstandenen Emanzipation bieten nicht Ordnung, Sicherheit und Freiheit, sondern wollen die Menschen aus den überlieferten Ordnungen, wenn ich ironisch sagen darf, „befreien“, das heißt lösen, um sie reif zu machen für die neue, unmenschliche Heilslehre des sozialistischen Kollektivismus. Sie wissen, weshalb sie die vergangene Periode des Aufbaus, der Leistung, der Verantwortung, der rechtsstaatlichen Ordnung als Zeit der Restauration beschimpfen und verunglimpfen. Sie wissen

Gesichter und Haltungen eines Lebens: jung und zukunftsfroh . . .

auch, daß vor allem eine gesunde Familie das stärkste Hindernis auf dem Marsch in ihre sozialistische und kommunistische Gesellschaftsform war und ist.

Die Kritik an allem Bestehenden trifft seit dem Beginn der 60er Jahre deshalb auch mit voller Wucht die Familie. Sie hat wohl die familienfeindlichste Politik vorbereitet, die es in Deutschland je gegeben hat. Nicht nur außen-, sicherheits-, finanz- und wirtschaftspolitisch bedeutet das Jahr 1969, in dem die sozial-liberale Koalition in Bonn die Herrschaft angetreten hat, einen verhängnisvollen Bruch in der deutschen Nachkriegsgeschichte.

Heute, im April 1982, sind die Bundesfinanzen zerrüttet, die Zahl der Arbeitslosen steigt ständig, die Wirtschaft befindet sich weiterhin auf Talfahrt. Gleichzeitig sank die Zahl der Geburten von 1 Million im Jahre 1965 auf 620000 im Jahre 1981. Seit 1970 erlebten rund 1 Million Kinder den Schock und die Auswirkungen einer Scheidung.

Bayerische Staatsregierung und CSU – Anwälte der Familie

Die Bayerische Staatsregierung und die Christlich-Soziale Union haben im Gegensatz dazu ihre Pflicht als Anwalt der Familie erfüllt und ernst genommen. Bayern hat deshalb seit Schaffung des Familienprogramms im Jahre 1974 die Haushaltsansätze von circa 8 Millionen auf etwa 141 Millionen erhöht.

Ohne jeden Abstrich gelten auch heute noch die Worte im Wahlprogramm der Unionsparteien zur Bundestagswahl 1980: „Wir werden diese familienfeindliche Politik beenden und zu einer moralischen und politischen Offensive für die Familie antreten. Notwendig für eine neue Politik ist eine Bewußtseinsänderung, ein Umdenken hin zu einer Wertschätzung und Anerkennung der Familie in Politik, Wirtschaft und Gesellschaft. Sozialistisches Gedankengut, mißverstandene Emanzipation, ständige Mißachtung der Familie in großen Teilen unserer Massenmedien haben zusammen mit dem konkreten, familienpolitischen Versagen von SPD und FDP dazu geführt, daß dem Verfassungsgebot des besonderen Schutzes für Ehe und Familie keine angemessene Verfassungswirklichkeit gegenübersteht."

Für eine offensive Familienpolitik: Die Familie muß wieder Mittelpunkt der Gesellschaft sein!

Als Christen und Staatsbürger dürfen wir uns mit dem Bejammern und Beklagen der schlechten Zeitläufe nicht begnügen.

Wir sind vielmehr aufgerufen, im Sinne des Evangeliums unser Leben und das der Gemeinschaft zu gestalten. Das heißt immer wieder vor allem dafür zu kämpfen, daß der Familie, gegründet auf den Normen des Grundgesetzes und auch des christlichen Sittengesetzes, ihr Platz als Kernstück der Gesellschaft zurückgegeben wird. Sie muß Mittelpunkt unseres persönlichen Lebens und Mittelpunkt der Gesellschaftspolitik sein.

Deshalb müssen wir einzeln und als Familienbund aus der bloßen Verteidigungsstellung heraustreten. Familienpolitik muß wieder mehr sein als nur Sorge um diese oder jene rechtliche oder finanzielle Verbesserung oder Absicherung. Die Familienpolitik muß eine geistige Erneuerung und Begründung erfahren.

Die große politische Frage unserer Zeit ist die Sicherung der Freiheit unseres Volkes im Innern und nach außen. Dieses Ziel ist mehr denn je

. . . voller Liebe zu den schönen Dingen . . .

. . . jeder Aufgabe gesellschaftlicher Repräsentation spielend gewachsen . . .

zuvor gefährdet. Eine freiheitliche Ordnung, das heißt eine menschenwürdige Ordnung, setzt jetzt gesunde Familien voraus. Menschenwürdiges Leben und Familie, Familie und freiheitliche Ordnung sind untrennbare Begriffe. Deshalb: Gehen wir hinein in die Öffentlichkeit, gehen wir von der Defensive in die Offensive, machen wir wieder den Menschen Mut zur Familiengründung, stellen wir die Familie wieder in den Mittelpunkt unseres Lebens und der Politik! Lassen wir uns nicht irremachen und entmutigen durch die unleugbaren statistisch feststellbaren Krisenzeichen, die die Familie gefährden – auch bei uns in Bayern!

Die bedrückende Bilanz nach 13 Jahren familienfeindlicher sozial-liberaler Politik

Bayern ist zwar heute in vielfacher Hinsicht das attraktivste Land der Bundesrepublik Deutschland, ein hochmoderner Industriestaat und gleichzeitig ein Land, das seine traditionellen Eigenheiten und Eigenarten bewahren konnte. Es ist ein blühendes Land, mit gesunden Finanzen, das allen, die darin wohnen, eine echte Heimat bietet. Aber Bayern, als ein Teil der Bundesrepublik Deutschland, ist keine Insel der Seligen geblieben. Die „emanzipatorische" familienfeindliche Politik der Bundesregierung hat auch in Bayern erhebliche Schäden und schwerste Fehlentwicklungen verursacht. Diese können durch die Bemühungen der Bayerischen Staatsregierung nur teilweise korrigiert, aber nicht grundsätzlich ausgeglichen werden.

Die Bilanz nach 13 Jahren sozial-liberaler „Familienpolitik" ist bedrückend.

– Ich nenne den Rückgang der jährlichen Eheschließungen. In den letzten 15 Jahren hat ihre Zahl um fast ein Drittel abgenommen,

. . . immer besonders ausdrucksstark: die Augen . . .

. . . dem Gegenüber offen entgegentreten . . .

während die Ehescheidungen erheblich zugenommen haben.

- Die Zahl der alleinstehenden und getrennt lebenden Mütter ist in den letzten Jahren erheblich angestiegen, ebenso die der geschiedenen Mütter.
- Fast ein Drittel aller jungen Leute im heiratsfähigen Alter ist unverheiratet. Von denen, die verheiratet sind, haben fast 40 % kein Kind, 26 % ein Kind, 22 % zwei Kinder und nur 9 % drei und nur 5 % vier Kinder. Diese Zahlen schließen die bäuerlichen und die Handwerkerfamilien mit traditionell höherer Kinderzahl ein.

Existenzgründung und Familiengründung fallen für den jungen Menschen bekanntlich in etwa denselben Lebensabschnitt. Infolge der längeren und besseren Ausbildung der Mädchen und Frauen, die wir alle begrüßen, wird in der Regel keine Aussteuer mehr gewährt. Die Einrichtung eines eigenen Haushalts kostet aber laut dritten Familienbericht der Bundesregierung auf jeden Fall etwa an die 30000 DM. Der Verdienst der jungen Frau ist in den ersten drei Jahren eingerechnet. Die jungen Leute aus den vermögenslosen Schichten müssen häufig Schulden machen. Hinzu kommt die „erneut aufgetretene Wohnungsnot" in den Ballungsgebieten. Durch eine übertriebene Mieterschutzgesetzgebung ist der frei finanzierte Wohnungsbau praktisch zum Erliegen gekommen. Gerade aber auf diesen sind die jungen Paare angewiesen, denn für Sozialwohnungen besteht meist kein Anspruch, ganz abgesehen davon, daß solche kaum zu haben sind.

Obwohl die Ausgaben mit der Geburt eines Kindes sprunghaft wachsen, wird das Familieneinkommen aber nach Ende des Mutterschaftsgeldes – das auch nur ein Teil der Bezugsberechtigten erhält – wesentlich niedriger. Deshalb

... Eleganz mit angeborener Natürlichkeit vereinen ...

... ernstes Überlegen ...

gerät die junge Familie ohne familiäre Hilfe und staatliche Unterstützung in echte Not, weil sich durch den Verzicht auf die Erwerbstätigkeit eines Elternteils und die Ausgaben für das Neugeborene das Familieneinkommen praktisch halbiert. Anfangsgehälter sind keine Spitzenverdienste. Der berufliche Aufstieg wird erst im Laufe langer Jahre erkämpft. Junge Arbeitnehmerfamilien mit nur einem „Verdiener“ stehen deshalb häufig einkommensmäßig unter dem Sozialhilfeniveau. Der Lebensstandard sinkt also kraß ab, auch deshalb, weil für Lohnsteuer und Sozialabgaben etwa 40 % des Bruttolohnes aufzuwenden sind und etwa 30 % für ein Appartement.

Eine familiengerechte Wohnung ist in Ballungsräumen praktisch unerschwinglich geworden, denn die Nettoverdienste liegen bei 1500 für Arbeiter, bei 2000 DM für junge Angestellte, wozu auch Akademiker zu zählen sind.

Dazu kommt die Diskriminierung der Frau in ihrer Rolle als Mutter und Hausfrau. Diese ist so schlimm, daß viele junge Frauen davor mit Recht Angst haben – ebenso große Angst wie vor der Verarmung und dem persönlichen Existenzrisiko infolge des Verlustes der menschlichen Unabhängigkeit.

Nicht außer acht zu lassen ist, daß eine gute Rente nur durch lange Berufsjahre erreicht werden kann. Freiwillige Weiterzahlung der Beiträge für die Altersversorgung ist zwar möglich, kann jedoch nicht immer aufgebracht werden. Meist fehlen die Mittel.

Viele, die heute eine Ehe schließen, sind bereits selber Scheidungswaisen, vielleicht Einzelkinder, und fürchten deshalb ganz besonders das hohe Scheidungsrisiko, das in den Großstädten immer noch bei 50 Prozent und landesweit bei 25 Prozent liegt.

Nicht übersehen werden sollte auch: Viele,

allzu viele junge Menschen haben nur geringes religiöses Wissen und kaum religiöse Bindungen. Unter diesen Umständen ist es nicht verwunderlich, daß es auch praktizierenden Katholiken in der Großstadt trotz guten Willens schwerfällt, den „passenden Partner" zu finden. Viele Menschen sind überhaupt unfähig, echte Bindungen einzugehen, echte Lebensentscheidungen zu treffen und dann auch durchzuhalten. Der drastische Rückgang der kirchlichen Eheschließungen beweist dies. Man heiratet, wenn überhaupt, erst einmal standesamtlich und wartet im übrigen ab, ob man sich versteht und die Ehe von Dauer sein kann. Erwähnt werden muß leider in diesem Zusammenhang auch die ungute, abwertende Haltung, die man der unverheirateten oder alleinstehenden Frau mit oder ohne Kind entgegenbringt.

In Bayern: Verbesserung der Rahmenbedingungen für die Familie

Es grenzt deshalb fast an ein Wunder, daß die Zahl der Erstgeburten noch 75 % gegenüber früheren Zeiten erreicht. Von den zweiten Kindern fehlt allerdings schon ein Drittel, von den dritten und weiteren, Gott sei's geklagt, über 80 %. Insgesamt ist die Zahl der jährlichen Geburten im Bundesgebiet seit Mitte der 60er Jahre um 40 %, in Bayern um 20 % gesunken. Ziel der Familienpolitik der Bayerischen Staatsregierung und der CSU war deshalb die Verbesserung der Rahmenbedingungen für die jungen Familien bei der Familiengründung.

Wichtigstes Instrument sind die Beihilfen der „Landesstiftung für Mutter und Kind". Dank dieser Maßnahmen ist ein echter Einbruch zur Überwindung finanzieller Schwierigkeiten gelungen, die oft als Grund für die Abtreibung

... wachsam im Gespräch ...

. . . kritisch prüfend . . .

angegeben wurden und tatsächlich auch waren. Während im Durchschnitt des Bundesgebietes, auf 100000 Einwohner bezogen, über 141 Abtreibungen auf Krankenkassenschein zu beklagen sind, ja oft als „Erfolg" gemeldet werden, werden in Bayern „nur" 50 Kinder im Mutterleib getötet. (1981: 5457, der niedrigste Stand seit der Liberalisierung des § 218). Kein Fachmann und kein Laie hätte je zu hoffen gewagt, daß immerhin ¾ aller Schwangeren in Not, die Kostenregelung durch die Kassen erwarten, sich aus freien Stücken an kirchliche Schwangerschaftsberatungsstellen wenden. Nur 24 % suchen die durchaus gut arbeitenden staatlichen Gesundheitsämter auf.

Heute übrigens kommt man etwa in der Hälfte aller Fälle bereits zu zweit zur Beratung und versucht gemeinsam die Zukunft zu meistern, was dank handfester materieller Hilfen – Zuwendungen von mehreren Tausend Mark sind nämlich keine Seltenheit – sowie gutem Rat und Zuspruch nicht selten gelingt. Vielleicht schickt der Herrgott auch noch einmal einen Reklamefachmann, dem die rechte Art einfällt, wie man bekannt macht, daß alle jungen Paare in Notlage, also auch die, die glücklich verheiratet sind, die ihrem Baby nur das Beste wünschen und die ihm kein Leid antun wollen, sich an diese Beratungsstellen um Hilfe und Unterstützung wenden können.

Ein besonderes Wort der Anerkennung und des Dankes gilt deshalb den Beratungsdiensten und ihrer hervorragenden Arbeit, die oft sehr mühevoll und plagenreich ist. Ein tiefempfundenes Wort des Dankes auch den Kirchen, die die Beratungsdienste mit erheblichen finanziellen Mitteln – trotz großer Bedenken – unterstützen. Ich kann diese Bedenken verstehen, aber wenn ein Großteil aller jungen Frauen in Not die kirchlichen Stellen aufsucht, so ist dies ein

. . . entschlossen argumentierend . . .

. . . besinnlich und angerührt . . .

. . . große Blumenfreundin . . .

ernst zu nehmendes Zeichen dafür, daß sie in Not sind und nicht leichtfertig handeln wollen.

Des weiteren zu nennen ist das beliebte Darlehensprogramm „Junge Familie“, das leider etwas gekürzt werden mußte. Es wurde bereits in 250000 Fällen ausgegeben. Es gewährt 5000 DM bei Heirat und 5000 DM bei Geburt des ersten Kindes. Damit können Ausstattungsgegenstände angeschafft werden. Es ist zinsbezuschußt, was heutzutage infolge der hohen Zinsen besonders wichtig ist. Für das erste Kind erfolgt ein staatlicher Tilgungszuschuß von 1000 DM, für das zweite 2000 DM und für das dritte 3000 DM und für Drillinge, meine besonderen Lieblinge, unter bestimmten Voraussetzungen extra 1000 DM und weitere Hilfen. Das Programm kostete bis 1981 inklusive aller Zins- und Tilgungszuschüsse insgesamt etwa 226 Millionen DM, bis 1982 werden etwa 342 Millionen DM ausgegeben sein. Außerdem gibt der Freistaat selbst gut 620 Millionen DM für den sozialen Wohnungsbau unmittelbar aus. Zudem sind jetzt vom Innenministerium 50 Millionen DM zusätzliche Mittel bereitgestellt worden für Wohnungsbaumaßnahmen. Es wird besonders Eigenwohnraum in Form von Familienheimen gefördert, damit auch mehrere Generationen unter einem Dach Platz finden. Daneben gibt es auch ein Spezialkontingent „Junge Familien“ und eine ganze Reihe weiterer Maßnahmen.

Familienpolitische Leitsätze von Staatsregierung und CSU:

So werden also in Bayern die Leitsätze von Staatsregierung und CSU ernst genommen, die folgendermaßen lauten:
- Gesellschaft und Familie sind aufeinander angewiesen
- Der verfassungsmäßige Schutz von Ehe und

Familie ist zu gewährleisten und durch soziale Hilfen auszufüllen
- Jedes Kind hat ein Recht auf Familie und Erziehung
- Die öffentliche Meinung muß wieder familienbewußt und kinderfreundlich werden
- Das Ja zum Kind darf finanziell nicht zum sozialen Abstieg führen
- In den ersten Lebensjahren ist die liebevolle Betreuung durch eine ständige Bezugsperson, in der Regel die Mutter, unersetzbar
- Wenn eine Mutter krank wird, muß der Familie die notwendige Hilfe gegeben werden
- Der Wohnungsbau muß familiengerechter, der Städtebau kinderfreundlicher werden
- Die im Dienste der Familie stehenden, freigemeinnützigen privaten Einrichtungen sollen sich nach den Grundsätzen von Subsidiarität und Solidarität frei entfalten können
- Dies heißt auf gut deutsch, daß den freien Wohlfahrtsverbänden der Vorrang einzuräumen ist in allen sozialen Bereichen
- Alle familienbezogenen öffentlichen Leistungen, zum Beispiel Kindergeld, Wohngeld, Wohnungsbaudarlehen sind laufend der wirtschaftlichen Entwicklung anzupassen.

Wir in Bayern haben also, soweit es möglich war, ernst gemacht mit der Anerkennung der Familie als Kernstück der Gesellschaft. Aber wie bereits gesagt, die familienfeindliche „emanzipatorische" Politik der sozial-liberalen Bundesregierung können wir mit unseren bayerischen Maßnahmen allein nicht grundsätzlich beseitigen.

Kein sozial-liberales Gesamtkonzept zur Förderung der Familie

Die sozial-liberale Bundesregierung hat ein politisches Gesamtkonzept zur Förderung der

. . . mit herzlich-bezwingendem Lachen . . .

. . . gastfreundlich als Hausfrau . . .

Familie und zur Stärkung ihrer Erziehungskraft stets abgelehnt. Beweise:

- Die Bundesrepublik Deutschland hat innerhalb der Europäischen Gemeinschaft den geringsten Anteil ihrer gesamten Sozialleistungen für die Familien aufgewandt. In allen anderen Ländern der Gemeinschaft ist die Familie besser gestellt. Die Leistungen des Bundes für Ehe und Familie sind stets zurückgegangen, im Sozialbudget haben wir für die Familie jetzt noch 14 %, 1970 waren es noch 18,5 % und darin sind alle Sparprämien eingerechnet!
- Die sozial-liberale Bundesregierung und die sie tragenden Koalitionsparteien haben nicht nur nichts getan gegen die bewußte geistige Abwertung der Familie und der Frau im öffentlichen Bewußtsein, gegen die familienfeindliche Propaganda in vielen Medien, sind sie mitverantwortlich für die ideologisch begründete Verunglimpfung der Familie. Ich erinnere nur an das böse Wort von der Familie als „Hort der Repression“ im zweiten Familienbericht der Bundesregierung.

Familienfeindliches Scheidungsrecht

In diesem Zusammenhang muß man leider auch auf das Scheidungsrecht hinweisen, wonach die Ehe fürderhin kein Bund fürs Leben, sondern ein jederzeit kündbarer Vertrag ist. Das Scheidungsrecht ist heute die Grundlage des Ehe- und Familienrechts! Die Familie wird als „Stabilisator der Klassenstruktur“ diffamiert. Es wird ihr allenfalls der Status einer „Erziehungsagentur“ zugebilligt.

... von großer Ausdruckskraft ...

Alarmzeichen sind aber nicht die ganze familienpolitische Wirklichkeit

Dies sind alles zweifelsohne Alarmzeichen. Aber sie sind beileibe nicht die einzige familienpolitische Wirklichkeit. Es gibt aber auch noch gesunde Familien. Sie sind keineswegs nur ein Phantasiebild aus der Vorstellung einer angeblich heilen Welt früherer Zeiten, wie uns das die Miesmacher und die Gesellschaftsveränderer weismachen wollen:

- Noch immer ist Jahr für Jahr die Mehrzahl junger Menschen bereit, eine Familie zu gründen und Kinder großzuziehen
- Noch immer ist für die Mehrzahl der Menschen die Familie der Bezugspunkt ihres Lebens, herrschen Liebe und Vertrauen, wissen sich die Familienangehörigen herzlich verbunden und solidarisch verantwortlich
- Noch immer hat die junge Generation mehrheitlich, und zwar mit großer Mehrheit, ein gutes Verhältnis zu ihren Eltern und Großeltern. Selbstverständlich gibt es auch Auseinandersetzungen. Aber der vielberedete, ich fürchte beinahe, herbeigewünschte, Generationskonflikt besteht in vielen Familien kaum oder wird in vernünftigen Grenzen ausgetragen. Ja, ich wage die Behauptung, man kann heute von einem neuen Familienverständnis sprechen, das vier Generationen umfaßt und für das gerade Christen ein Vorbild geben und es leben können.

Das rechte Verhältnis zwischen den Generationen – Gegenseitige Verpflichtungen

Dies bedeutet zum Beispiel für die 50- bis 60jährigen natürlich zahlreicheVerpflichtungen:

Einmal die Sorge für die Mutter oder den Vater oder alte Anverwandte, die häufig noch in ihrer vertrauten Wohnung leben, aber Betreuung, Hilfe, Unterstützung und oft Pflege brauchen. Man sagt immer wieder, diese Leute können doch aus ihren familiengerechten Wohnungen ausziehen, vergißt aber, was sich in den letzten 70 bis 80 Jahren alles geändert hat. Viele alte Menschen sind ängstlich und mißtrauisch geworden. Sie verstehen vieles nicht oder nicht mehr. Sie finden sich außerhalb ihrer vertrauten Umwelt nur schwer zurecht, vor allem verstehen sie nicht, daß sie für eine Einzimmerwohnung, in der sie ihr gewohntes Mobiliar nicht unterbringen können, vielleicht die doppelte Miete bezahlen sollen. Auch wir werden eines Tages, wenn wir alt sind, nicht flexibler sein, auch wir werden in unserer Umgebung bleiben wollen. Es gehört zu den ganz normalen Lebensäußerungen, Besuch haben zu wollen und ihn abends nicht gleich wegschicken zu müssen. Im Krankheitsfall ist man sehr ungern allein, ohne daß man gleich ins Altersheim gehen müßte oder möchte.

Es sollte übrigens endlich auch Schluß gemacht werden, mit einer vorschnellen und ungerechten Diffamierung, wenn Angehörige den Vater, die Mutter oder Verwandte in ein Altersheim schicken. Das Durchschnittsalter liegt in fast allen Heimen bei 80 bis 85 Jahren. Diese Menschen sind meist so alt und krank, daß durch die Angehörigen die Pflege nicht oder nur durch Gefährdung der eigenen Existenz geleistet werden kann. Jene älteren Arbeiterinnen und Angestellten, die daheim die Pflege übernehmen sollen, sind oft die einzigen Töchter und können einfach nicht aus dem Beruf auf Zeit ausscheiden, weil sie nach dem Tode ihrer Angehörigen kein Arbeitgeber an ihre Stelle mehr zurücknimmt und sie damit auch den Schutz des vielgerühmten sozialen Netzes verlieren. Das heißt: Sie verlieren den Kündigungsschutz, sie werden aber von einem neuen Arbeitgeber nicht mehr angenommen, weil sie schon älter sind und deshalb den besonderen Kündigungsschutz genießen.

Allzu viele der sehr alten Menschen gehören übrigens noch zu den Kleinrentnern. Viele Witwen haben nur eine winzige Pension. Es beziehen aber nur Rentner in einem Heim wenigstens Taschengeld. Es hat sich aber Gott sei Dank die Situation insgesamt wesentlich gebessert. Wer heute in Pension oder in Rente geht, hat in aller Regel ein gutes Auskommen. Soviel zur Sorge, mit der wir 50- bis 60jährigen uns der Alten annehmen müssen.

Andererseits müssen wir uns gerade besonders um die jüngere Generation kümmern, das heißt sie nicht nur mit Rat und Tat, sondern ganz handfest auch materiell unterstützen. Ein Bauernhof oder ein Geschäft muß schließlich auch rechtzeitig übergeben werden.

Wir müssen also der jüngeren Generation bei der Wohnraumbeschaffung behilflich sein, müssen unseren Teil soweit als möglich zur Finanzierung des Daches über dem Kopf beitragen. Untersuchungen und Umfragen zeigen eindeutig, daß die Ein-Kind-Familie nicht nur Modeerscheinung ist, sondern daß die jungen Ehepaare vor den mannigfachen Schwierigkeiten eben eines Tages kapitulieren oder daran scheitern. Die Mehr-Kind-Familie ist in der Regel in den Städten finanziell an den Rand der Gesellschaft gedrückt worden. Sie genießt wenig Achtung und geringe Beliebtheit. Staat und Gesellschaft leben heute so sehr von der Ausbeutung der Familie und auch von der der Mütter, wie Untersuchungen und Berichte – vor allen Dingen auch des Müttergenesungswerkes – beweisen, daß viele junge Leute diese Art der „Lebensgestaltung“ unterlassen, wenn ich mich so ausdrücken darf, auch um den Preis religiöser Konflikte, zumal sich diese oft mit der Zeit von selber lösen.

Die äußeren Verhältnisse haben sich geändert. Die Lebensumstände sind schwieriger geworden.

Man hört auch immer wieder das Gegenargument: „Wir sind doch alle durchgekommen, uns hat doch auch keiner geholfen“. Das stimmt nicht ganz. Wenn wir gerecht urteilen wollen, müssen wir sagen, der Lebensstandard war damals einfacher und bescheidener, der Staat weniger anspruchsvoll und sparsamer. Wir können das Geschehene heute nicht einfach zurückdrehen und sagen: „Das gab's früher nicht, das braucht's heute auch nicht.“ Durchgekommen nach dem schrecklichen Krieg sind jene, die eben das Glück hatten, mit mehr oder minder heiler Haut hier in unserer Bundesrepublik leben und arbeiten zu können. Außerdem dürfen wir nicht vergessen, selbst wenn manches wieder einfacher werden muß, die äußeren Umstände in und mit denen wir leben müssen, sind schwieriger, komplizierter und härter geworden.

Beispiel: Steuer- und Abgabenbelastung früher und jetzt

Beim Beginn der sozial-liberalen Koalition 1969 zahlten 90 % der Arbeitnehmer Lohnsteuer im Linearsatz von 20 %, heute sind 90 % in der Progressionszone. Ähnlich ist die Entwicklung der Beiträge zur Sozialversicherung. Die durchschnittliche Belastung der Einkommen mit öffentlichen Abgaben, also Lohnsteuer,

. . . ernst und gesammelt . . .

Kirchensteuer und Beiträge zur Sozialversicherung stieg von 21,7 % im Jahre 1969 auf 40 % im Jahre 1981. Dazu kommen, wie gesagt, die Mieten bei den Jüngeren in Höhe von etwa 30 %. Bis 1969 erwarb man mit 65 % Eigenbelastung bereits Eigentum.

Das sind Abgaben, die gerade die jungen Menschen treffen und die wir damals nicht in dieser Höhe hatten. Natürlich war die Unterbringung einfacher, aber man war untergebracht, denn man wurde vom Wohnungsamt eingewiesen.

Wir, die Wirtschaftswundergeneration, sollten bei unserer persönlichen Lebensgestaltung auch daran denken, daß die gewaltigen Schulden des Bundes, der Länder und Kommunen so oder so bezahlt werden müssen – ob durch Inflation oder durch weiteres Drehen an der Steuerschraube, und damit durch weitere Schwächung der Finanzkraft der Familien, sei dahingestellt.

Vernünftiges Verhalten: Weder Zukunftsangst noch Sorglosigkeit

Ein sinnvoller Verhaltensgrundsatz in unserer Gesamtlage könnte sein: Nicht alles für sich zu behalten, aber auch nicht alles wegzugeben. Vernünftige Ersparnisse, ein gutgepolsterter Notgroschen sind wichtig, man sollte sich da auch gar nicht beirren lassen. Wir alle kennen Großmütter, die dem Enkel alles schenken und dann kommt er mit dem neuen Auto auch nicht ein einziges Mal zu ihr.

Man sollte auch nicht dauernd zu ängstlich an die ferne Zukunft denken. Sie ist und war nie vorhersehbar, wenn ich allein an meine Familie denke. Mein Vater war im Jahre 1900 geboren. 1918 war der Weltkrieg verloren und es sah schauerlich aus. Ich bin 1930 geboren. Da herrschten Arbeitslosigkeit und Krise. 1945 lag Deutschland ein zweites Mal und scheinbar endgültig in Trümmern und 1970 war die Bundesrepublik Deutschland wieder ein blühendes Land! Wer hätte das gedacht. In den letzten 70 Jahren hat sich vielleicht mehr geändert als in den letzten 700. Es ist deshalb wirklich nicht anzunehmen, daß ausgerechnet wir die Erleuchtung und die Erkenntnisfähigkeit besitzen, genau zu wissen, was in 20 Jahren sein wird. Viele Vorhersagen der Fachleute liefern bezeichnende Beispiele.

Wir sehen auch das zum Beispiel an unserem Eisenbahnnetz. Seine manchmal sonderbare Streckenführung ist unter anderem ein Ergebnis der zu kurzsichtigen Haltung vieler Bürger, die die kommende Bedeutung der Bahn nicht erkannten und den Bahnhof möglichst weit weg haben wollten.

Zu großer Pessimismus im Blick auf die Zukunft ist ebenso falsch wie Sorg- und Gedankenlosigkeit. Wir wissen, daß wir vielleicht unruhigen und schwierigen Zeiten entgegensehen. Wir wissen aber auch aus eigener Erfahrung, daß viele unter uns den Zweiten Weltkrieg und seine Schrecken ganz gut und verhältnismäßig ungeschoren überstanden haben. Es war, wie gesagt, alles recht schwierig, aber man kam schon irgendwie durch. Darf ich hierfür ein Beispiel bringen: Den Lastenausgleich.

Der Lastenausgleich geht jetzt seinem Ende entgegen. Er war und ist jene großartige Aktion Gemeinsinn, in der man die Hälfte des Vermögens in 36 Jahresraten abgab, von dem, was durch Krieg und Vernichtung durchgerettet werden konnte. Diese Vermögen waren immerhin übrig geblieben, sie waren ein gewaltiges Kapital zum Aufbau unserer Wirtschaft.

Gottvertrauen meistert Ängste und Nöte

Obwohl wir Schwierigkeiten für die Zukunft befürchten müssen, sollten wir nicht ängstlich oder pessimistisch sein. Wir haben Gottvertrauen, das wir weitergeben sollen. Gottvertrauen ist eine Frucht echter Religiösität, die wir erwerben und die gepflegt werden muß. Das tägliche Gebet, das Lesen der Evangelien und eines Bibelabschnittes, religiöser Geschichten und Bücher ist richtig und wichtig. Schon die Kinder müssen eingebettet werden in das Vertrauen, das aus dem Glauben kommt. Gottes Wort: „Sorget, aber sorget nicht ängstlich", ist doch etwas Wunderbares und hilft Ängste und Nöte unserer Zeit zu meistern.

Erforderlich: Solide religiöse Unterweisung, ungeschmälerte Vermittlung des Glaubensgutes

Deshalb bitte ich an dieser Stelle sehr herzlich – man möge mir eine Abschweifung gestatten –, endlich wieder einen vernünftigen Religionsunterricht einzuführen. Wir brauchen den Katechismus als Katalog von Antworten auf wichtige Lebensfragen. Kindern und Eltern keinen Katechismus mehr in die Hände zu geben, nur weil einige Theologen sich nicht einigen können, hat Schaden gebracht. Man sollte sich bitte hier in den wenigen strittigen Fragen endlich einmal einigen! Wir brauchen die Einübung des Gebetes, wir brauchen packende Lieder, die auch ins Gemüt gehen. Der Glaube muß als Ganzes vermittelt werden, in all seinen Teilen, nicht nur der Teil soll „hinterfragt" werden, der dem vom Zweifel geplagten Herrn Religionslehrer gerade paßt.

Nicht Thomas hat die Nachfolge Christi angetreten, es war Petrus! Der temperamentvolle, aber nicht so tapfere Petrus! Dies kann durchaus auch bedeuten, daß man sich von einigen Religionslehrern eben trennen muß. Religionsgemeinschaften sind nicht nur Pensionsgemeinschaften. Wenn jemand glaubt, er sei nicht in der Lage, unser Glaubensgut ganz und ungeschmälert zu vermitteln, so ist dies tief bedauerlich, sollte aber ernst genommen werden. Ich rede hier keiner Gesundschrumpfung das Wort, denn sonst müßte man sich ja auf den zukünftigen Priestermangel freuen, und dies wäre doch ein arger Irrtum.

Dabei soll trotz dieser Bemerkungen den Religionslehrern unser herzlicher Dank gelten, die das ganze Glaubensgut ungeschmälert vermitteln und vorleben. Daß das nicht leicht ist, weiß jedermann.

Übrigens, wir Freunde und Förderer der Ökumene müssen uns hier ein bißchen an die eigene Brust klopfen. Eine der Ursachen für den Glaubensschwund ist: wir haben die Marienverehrung beiseite geschoben und fast völlig vergessen. In der Gestalt Marias der Jungfrau und Gottesmutter erhebt sich die Nachfolge Christi um eine wesentliche Dimension über alle Religionen hinaus und macht sie zum einzig wahren Bekenntnis.

Maria widerspricht dem Engel nicht, sondern nimmt gerne und bewußt und freiwillig die Mutterschaft auf sich. Jesus wird in Liebe angenommen und lebt in seiner Familie, bis er erwachsen genug ist, um selbständig zu leben. In dem berühmten Satz: „Wenn einer eine Frau sieht, um sie zu begehren, so hat er im Herzen eine Ehe gebrochen“, fordert Jesus den bewußten Verzicht auf jede Beliebigkeit der Beziehungen und damit das Ende und die radikale Abkehr von alttestamentlichen Vorstellungen, die auf Zwang beruhen. Ehe ist die freiwillige Entscheidung in Liebe zu dem einen Menschen,

. . . vom Leben und seinen Höhen und Tiefen wissend . . .

dem man sich anvertraut und angetraut hat. Jesus fordert also Treue, er fordert Pflichterfüllung, fordert Einordnung. Jesus hebt die Frau heraus aus ihrer untergeordneten, alttestamentarischen Stellung im Sinne eines Werkzeugs zur Sicherung des zum Leben Notwendigen und überhaupt zur Erhaltung des Fortbestandes eines Volkes.

Wie nahe er seiner Familie blieb, das zeigen die letzten Minuten am Kreuz. Maria ist da, niemand hat sie gezwungen. Sie ist auch nicht zu Hause geblieben, sondern sie steht da. Sie sitzt nicht unter dem Kreuz, sie fällt auch nicht um, sie kniet nicht, sondern sie steht, wenngleich gestützt auf die anderen Frauen. Christus vertraute sie dem Johannes an, vertraut sie also der Familie an, und er vertraut sie auch dem Lieblingsjünger und dem langjährigen Begleiter an. Maria und die anderen Frauen stehen unter dem Kreuz; sie stehen nicht irgendwo, sie stehen nicht in der Menge mit grauem Mantel. Maria stirbt auch nicht an ihrem tiefen Leid, sie stirbt einen guten Tod.

So müssen wir eben heute, als Christen, begreifen, daß der Eingang Mariens in die ewige Seligkeit und damit die Erinnerung an die Geburt und den Tod Christi die wichtigsten Grundlagen unseres gesamten Christentums sind.

Die Erneuerung der Familie aus dem Glauben

Die Erneuerung der Familie muß – bei aller Bejahung materieller Voraussetzungen – von innen kommen, aus dem täglichen erfahrenen und erlebten Glauben. Der Staat kann immer nur rechtliche und materielle Hilfestellung leisten. Deshalb müssen wir uns als Christen so verhalten, wie es unserem christlichen Verständnis von der Familie als der zentralen Lebens-, Liebes- und Solidargemeinschaft entspricht.

Für uns muß das „Füreinander" den Vorrang haben, vor unserem höchstpersönlichen Glücksstreben, vor unserem Egoismus. Die Selbstverwirklichung darf niemals familiensprengende Emanzipation und damit Entwicklungsschritt gegen die Familie bedeuten, sondern das Fertigwerden etwa mit der schweren Pflege eines alten oder kranken Angehörigen, mit dem Alltagsärger. Sie bedeutet Güte und Nachsicht gegenüber jenen, die wir vielleicht schwer oder gar nicht verstehen. Das bedeutet aber auch ganz einfach – ich wiederhole hier, was ich bereits vorher gesagt habe –, nach Kräften für alle zu sorgen, die einem anvertraut sind. Wir müssen unseren Kindern Vorbilder sein, indem wir ihnen die Werte nicht nur predigen, sondern tatsächlich vorleben.

- Wir müssen dabei den Mut haben zu sagen, was richtig und was falsch ist, und die Kraft haben, auch gegen starke Zeitströmungen zu schwimmen.
- Wir müssen unseren Kindern klare Orientierungshilfen geben und dürfen sie mit ihren Fragen und Zweifeln, Ängsten und Unsicherheiten nicht allein lassen, damit sie nicht leicht zu einer Beute der Verführer werden, ob dies nun totalitäre Ideologien, Angstideologien, Psychosekten oder Alkohol und Drogen sind.
- Wir müssen in der Familie die Gefühls- und religiösen Defizite ausgleichen, die gegenwärtig in der Schule zu beklagen sind.

Aufgabe der christlichen Familie in unserer Zeit

An den christlichen Familien liegt es heute weitgehend, daß den Kindern die Haltung und Tradition weitervermittelt werden, die seit Generationen das Leben unseres christlichen Bayern prägen und es zu einer der glücklichsten und schönsten Kulturlandschaften machen und auch weiterhin machen sollen. Denn, wie Kardinal Ratzinger es formuliert hat: „Ein Bayern, das nicht mehr glaubt, ist kein Bayern mehr". Wir haben das Glück, daß unser Land, das Altbayern, Franken und Schwaben umschließt, übersät ist von architektonischen Zeugnissen unseres Glaubens. Ein Familienausflug etwa nach Andechs oder Ottobeuern, nach Vierzehnheiligen oder zum Käppele ist mehr als nur ein schönes Erlebnis oder ein nettes Zusammensein, ist die leibhaftige Begegnung mit unserer Geschichte und unserem Glauben. Was unsere Kinder in einem intellektualisierten Religionsunterricht oft nicht mehr begreifen können, erfahren sie in den Bildern unserer herrlichen Rokokokirchen des wohl schönsten irdischen Pilgerwegs im Zeichen der Rocaille, also der Muschel des heiligen Jakob. Jede dieser Kirchen ist stein- und bild-, form- und farbgewordene Heilsgeschichte. Sie ist aber auch ein Stück Himmel, das jedermann begreifen, erklären und erleben kann.

In diesem Sinn soll unser Familienleben gerade auch heute in der Bewältigung der unzähligen und alltäglichen Schwierigkeiten, der Ärgernisse, der Kümmernisse, in den vielen Stunden der Freude und des Glücks, Mittelpunkt unseres Lebens und tragende Säule unserer Zukunft sein.

Die letzte Rede

Am 16. Mai 1984 wurde in Krailling bei München das Altenheim „Maria Eich" des Caritas-Verbandes für die Erzdiözese München und Freising eingeweiht. Marianne Strauß hielt bei diesem Anlaß ihre letzte öffentliche Rede. Die Sorge um den Nächsten, das Bemühen um mehr Menschlichkeit in unserer Gesellschaft und in unserer Zeit, soziales Handeln aus ernstgenommener persönlicher Verpflichtung zum Helfen bestimmten auch diese Ausführungen.

Ich beglückwünsche Sie, liebe Seniorinnen und Senioren, zu dem neuen Heim, in dem Sie Ihren Lebensabend verbringen. Bereits bei Ihrer letztjährigen Weihnachtsfeier konnte ich mich davon überzeugen, daß Sie hier in einem modern ausgestatteten und gut geführten Altenheim fachkundig und fürsorglich betreut werden. Ich beglückwünsche gleichzeitig den Caritas-Verband für die Erzdiözese München und Freising, der hier in kurzer Zeit ein funktionstüchtiges und baulich ansprechendes Zuhause für alte Menschen geschaffen hat. Ich bin sicher, daß die 24 Millionen DM Bauinvestitionen des Caritas-Verbandes hier zum Nutzen vieler älterer Bürger gut angelegt sind.

Viele ältere Mitbürger nehmen gerne die Dienste eines Seniorenheimes in Anspruch, weil es so manche Freiheit und Annehmlichkeit bieten kann, während man in der Familie zum Beispiel häufig auf so manches verzichten muß, zum Beispiel, weil die Tochter noch berufstätig ist oder zu weit weg wohnt. Auch ist nicht jeder gerne auf Angehörige angewiesen. Man ist häufig viel zu viel alleine und hat nicht genügend Anregungen und Umweltkontakte.

. . . ein Gesicht, das unvergessen bleibt.

Mit Altenheimen sind wir in Bayern Gott sei Dank vor allem qualitativ besser versorgt als andernorts, auch wenn lange Wartelisten trotz zahlreicher Neubauten vor allem im Raum München vorhanden sind. Dies ist das Ergebnis einer gezielten Altenhilfe, die in Bayern seit der Verabschiedung des ersten Landesaltenplans im Jahr 1974 systematisch verfolgt wird. Aber wir brauchen noch an vielen Orten mehr Pflegeplätze. Deswegen bin ich dankbar, daß von den 168 Wohnplätzen dieses Hauses allein 60 für die Pflege zur Verfügung stehen.

Die Bayerische Staatsregierung hat diesem Bedürfnis und diesen Wünschen unserer älteren Mitbürger dadurch Rechnung getragen, daß sie seit Jahren die offene Altenhilfe verstärkt fördert, aber auch darauf achtet, daß keine Altenheime ohne Pflegeabteilungen mehr gebaut werden können. Zur Finanzierung der Baukosten hat auch dieses Haus einen Zuschuß von 840000 DM und ein Darlehen von 7,56 Millionen DM erhalten.

Daß wir heute soviel für die älteren Mitbürger erreicht haben, verdanken wir dem Sozialstaat, den gerade Ihre Generation aus dem größten Trümmerhaufen der deutschen Geschichte aufgebaut hat. Sie haben Ihr Lebenswerk vollbracht und sich einen ruhigen und sorgenfreien Lebensabend verdient.

Manche von Ihnen sind nicht mehr so mobil und gesund wie noch vor einigen Jahren! Denken Sie daran, daß viele in der Generation Ihrer Eltern und Großeltern, auf das Lebensalter, das Sie erreicht haben, nicht einmal gehofft haben.

Vor allem lassen Sie sich Ihren Lebensmut nicht nehmen! Es ist ein echtes Stück Lebenskunst, sich an den Dingen zu erfreuen, die man noch wahrnehmen und genießen kann. Denken Sie an den Dichterspruch: „Nur dem Fröhlichen blüht der Baum des Lebens!“

Die Marianne Strauß Stiftung

Das von christlicher und sozialer Verantwortung geprägte Lebenswerk von Marianne Strauß soll fortgesetzt werden. Dafür haben die Kinder Monika Hohlmeier, Max und Franz Georg Strauß, auch für den Vater Franz Josef Strauß, die Marianne Strauß Stiftung ins Leben gerufen.

Die Entscheidung fiel im Kreis der Familie, in Gesprächen, die Franz Josef Strauß mit seinen Kindern Monika, Max und Franz Georg führte. Die Erinnerung an die Frau und Mutter, an Marianne Strauß, soll nicht nur im Gedächtnis der Familie, der Freunde, nicht nur im Bewußtsein von vielen Tausenden, denen die Frau des CSU-Vorsitzenden und Bayerischen Ministerpräsidenten geholfen hat, nicht nur in der Wertschätzung, die die Menschen in Bayern und weit über die Grenzen des Freistaates hinaus nach dem 22. Juni 1984 bekundet haben, fortleben. Die beispielhafte soziale Verantwortung, die Leben und Werk von Marianne Strauß geprägt hat, soll auch in der Tat und durch die Tat weiterwirken. Das Ergebnis dieser Überlegungen ist die Marianne Strauß Stiftung.

Worum es geht, wird in der Einleitung der Stiftungsurkunde gesagt: „In dankbarer Würdigung des von unserer Mutter geleisteten Werkes der christlichen Nächstenliebe, ihrer vom Gedanken der Hilfe zur Selbsthilfe wie der schnellen Hilfe für Hilflose sowie ihres vom christlichen Menschenbild geprägten kulturellen Handelns errichten wir Kinder Monika Hohlmeier geb. Strauß, Max Strauß, Franz Georg Strauß die Marianne Strauß Stiftung.“ Zweck der Stiftung: die Bereitschaft der Bürger zu mehr Eigenverantwortung, Familiensinn und tätiger christlicher Nächstenliebe soll gestärkt werden; uneigennütziges vorbildliches Handeln in unserer Gesellschaft soll gefördert und anerkannt werden; im privaten wie im öffentlichen Bereich soll das Bewußtsein für soziale und kulturelle Anliegen geweckt werden.

„Unsere Mutter ist tot. Was sie getan hat, lebt weiter“, schreiben die Kinder in der Präambel der Stiftungssatzung und markieren das Ziel: „Das fortzusetzen, was unsere Mutter getan und begonnen hat.“

Marianne Strauß war nicht nur der Mittelpunkt ihrer Familie. Die Gesinnung des Herzens und des Geistes, mit der sie darüber hinaus für ihre Mitmenschen, vor allem für jene im Schatten, da war, diente ihren Kindern bei der Ausrichtung von Sinn und Zweck der Marianne Strauß Stiftung als Richtschnur: „Mit einer Lebenshaltung, die von christlicher Verantwortung gegenüber dem Nächsten geprägt war, hat sie Beispiel gegeben und Maßstäbe gesetzt. Sie hat dort gehandelt und geholfen, wo vielfach nur geredet wird. Der Dienst und die Hilfe dort, wo staatliche Maßnahmen und gesetzliche Regelungen dem persönlichen Schicksal des einzelnen Menschen nicht gerecht werden oder gerecht werden können, kennzeichneten eine Gesinnung und ein Tun, ohne die unsere Zeit und ihre Menschen ärmer wären.“

Marianne Strauß hat aus ihrer praktischen Arbeit auf vielen sozialen Feldern heraus die Schwierigkeiten und Lücken in einer angeblich allumfassenden sozialen Sicherung erkannt. Sie hat es nicht bei dieser Einsicht bewenden lassen, sie hat nicht nur Anstoß genommen, sie hat vielmehr weiterwirkende Anstöße gegeben, die-

Das soziale Lebenswerk von Marianne Strauß soll fortgesetzt werden – die Kinder Max, Monika und Franz Georg haben dazu die Marianne Strauß Stiftung errichtet.

se Lücken zu schließen. Auf ein weiteres weisen die Kinder hin: „Unsere Mutter hatte Sinn und Herz für die Kultur. Sie empfand und lebte Kultur als Teil menschlicher Selbstverwirklichung innerhalb einer von Gott gegebenen Ordnung."

Die Marianne Strauß Stiftung, die ausschließlich und unmittelbar gemeinnützige und mildtätige Zwecke verfolgt, will ihre selbstgestellte Aufgabe insbesondere verwirklichen durch

- die gezielte Hilfe für bedürftige Mitmenschen in schwerer Not,
- die Förderung von beispielhaften sozialen Initiativen,
- die Förderung von staatsbürgerlichen und kulturellen Initiativen und
- die jährliche Vergabe eines „Marianne-Strauß-Preises" an Persönlichkeiten, die in ihrem privaten oder beruflichen Handeln die ideellen, sozialen und gesellschaftspolitischen Ziele der Stiftung bereits vorbildlich verwirklichen.

Schon unmittelbar nach dem Tod von Marianne Strauß hatten die stellvertretenden Parteivorsitzenden und der Generalsekretär der CSU die Stiftung eines Marianne-Strauß-Preises angekündigt. Dieses Vorhaben wird im Zusammenwirken mit der Marianne Strauß Stiftung, die am 8. August 1984 offiziell errichtet wurde, in die Tat umgesetzt werden.

Franz Georg Strauß, der sich in besonderer Weise des Aufbaus und der Arbeit der Stiftung angenommen hat, sieht dem Willen und dem Wesen seiner Mutter dadurch am überzeugendsten Rechnung getragen, daß mit den Mitteln der Marianne Strauß Stiftung schnell und unkompliziert und ohne jeden Verwaltungsaufwand Hilfe für Menschen in Not geleistet wird. Seine Marschrichtung, die selbstverständlich auch jene seiner Geschwister Monika und Max und des Vaters Franz Josef Strauß ist: „Wir wollen mit der Marianne Strauß Stiftung im Rahmen unserer Möglichkeiten soziale Feuerwehr sein."

Ermutigt in ihrem Werk werden Monika Hohlmeier, Max und Franz Georg Strauß durch eine spontane tausendfältige Bereitschaft zu konkreter Mithilfe, die sich unmittelbar nach dem Tod von Marianne Strauß ankündigte und die seit den ersten Meldungen über die Gründung der Marianne Strauß Stiftung zu einer Fülle von Anfragen und auch schon Spenden geführt hat. Um die Stiftung auch in der Bevölkerung auf eine möglichst breite Grundlage zu stellen und um jedermann die Möglichkeit zur Mithilfe zu geben, wird auch noch ein Förderverein gegründet werden, dessen einzige Aufgabe es ist, die Marianne Strauß Stiftung in ihrer Arbeit zu unterstützen. Franz Georg Strauß: „Jede Spende, auch die kleinste, ist willkommen." Wer dazu beitragen will, daß das Lebenswerk von Marianne Strauß fortgesetzt wird, kann dies tun. Die Stiftung freut sich über jeden Betrag, mit dem ihr geholfen wird, damit sie um so besser helfen kann.